内田樹×石川康宏

甦る『資本論』

最終巻

若者よ、マルクスを読もう

かもがわ出版

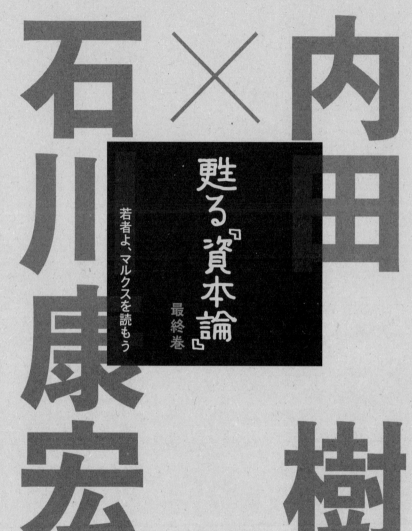

まえがき

みなさん、こんにちは。内田樹です。

本書は石川康宏先生との共著『若者よマルクスを読もう』のシリーズ最終巻です。マルクスの『資本論』をめぐって二通ずつ計四通の往復書簡を収録しました。それと、巻末に「関連文献」として石川先生の『イギリスにおける労働者階級の状態』についての書簡と中国語版に寄せた二人からの言葉を収録しています。

『若者よマルクスを読もう』は本書を入れてシリーズ全四巻、番外編として池田香代子さんをまじえた『マルクスの心を聴く旅』を含めると全五巻というものになりました。石川先生と二人でマルクスの主著を順番に全部読んでゆくという無謀な企画が始まって15年。ついに本書で終わったわけです。よく続いたものだと感慨無量です。

マルクス読解の「先導役」の石川先生と、この気長な企画に忍耐づよく付き合って下さったかもがわ出版の松竹伸幸さんに、心からお礼を申し上げます。このあとの往復書簡の中でも二人への謝辞が繰り返されますけれど、それだけ感謝しているということで、おめこぼしください。

内田樹

この本はタイトルから分かる通り「若者」に向けて書かれたものです。最初に石川先生と話し合って、想定読者は「まだマルクスを読んだことがない（けれども、そのうち読むことになるのかなと何となく思っている）高校生」に設定しました。この「そのうち読もうかな」と思っている高校生が意を決して「じゃあ、マルクス読むか」と実際に一冊目を手に取るところまで持ってゆくのが僕たちの仕事です。そうやって書くとわずかな距離のようですけれども、「いつか読もう」から「さあ読もう」までの隔たりを乗り越えるためには（マルクスの好む言葉を借りれば）「命がけの跳躍」が必要です。

僕たちの本は高校生たちにこの「命がけの跳躍」をしてもらうために書かれています。それだけが目的で書かれています。そういう意味では実にすっきりとした執筆方針の本です。

想定読者と執筆の目的をはっきり決めておくのは本を書く上ではとてもたいせつなことです。「誰にでも気軽に手に取ってもらえる本」というのが初心者のための入門書の要件だとふつうは思われていますけれど、「誰にでも」というふうにあまり想定読者の層を拡げてしまうと、想定読者の像がぼやけてしまいます。できれば、想定読者の解像度は高い方がいい。

もう一つたいせつなことは「読者を案内すること」です。

マルクスのような巨大な哲学者・思想家の書いたものを、初心者が独力で読解し、解釈することはとても困難な仕事です。高校生の手持ちの知識や、手持ちの価値判断の枠組みではマルクスには容易には立ち向かうことができません。マルクスのようなスケールの思想家と向き合うためには、どこかで高校生が抱きしめている自分の「世界の見方」を手放さなければいけません。いったん自分のものの考え方を「かっこに入れて」、自分の価値観を「棚上げ」して、自分が見える世界とはまったく違う世界の光景をこの人は見ているのかも知れないということを仮説的にではあれ受け入れないと、話は始まらない。

そう書くとなんだか難しそうですけれども、実際には高校生だってそれに類することはしてきたはずなんです。例えば、小説を読むというのはそれに似た経験です。

自分の知らない時代の、はるか遠くの国の、年齢も、性別も、職業も、ものの考え方も、感情も、まったく違う人の中に想像的に入り込んで、その世界を生きる……ということは小説を読むときに誰もがしていることです。

僕は10歳くらいのときにルイザ・メイ・オルコットの『若草物語』という四人姉妹が主人公の小説を読んで、生まれて初めて「少女」の中に想像的に入り込んで、「少女から見える世界」を経験しました。そのときに味わった解放感と浮遊感をいまでもよく覚えています。19世紀終わりのニューイングランドの女の子の気持ちと「同調」したときに、10歳の僕は揺り動かされて、「日本の10歳の小学生らしさ」が僕に強制していたものの考え方や感じ方から解き放たれて、なんだかずいぶん自由になった思いがしました。

そして、それからは、できるだけ遠くの時代の、遠くの国の、自分とぜんぜん似てない人たちの「中に入り込む」ことから読書の愉悦を引き出すようになりました。

哲学書や思想書の場合も、そこで得られるのは、小説を読む愉悦や解放感と本質的には変わらないと思います。哲学者たちの言葉づかいは小説家のそれに比べるとずっとごつごつしていますし、難解ですけれども、その哲学者や思想家が生きている時代の「生々しい現実」が彼らを駆動して、それを書かせているという点では小説家と変わりません。「どうしてもこれだけは言っておかなければ、死んでも死にきれない」というくらいの切迫を以て書かれたものだけが何世紀もの風雪に耐えて、古典として生き残っているのです。

だから、哲学書や思想書というと、ずいぶん抽象的なことを論じているように思えるかも知れませんけれど、実際はすごく「リアル」なんです。よく読めばわかります。書き手の激しい息遣いや鼓動が微かにではあれ行間から読み取れるはずなんです。

でも、この「行間を読む」という仕事が難しい。

小説やマンガや映画の場合、作品世界の中に深く入り込むためには、別に専門的な読み方の「先導者」や「先達」は不要です。もちろん、そういう先達がいて、手を引いてもらった方がはるかに深く作品世界を経験できるのですけれども、誰にも教えてもらわずとも、僕たちは作品を自分なりの仕方で享受し、愉悦することはできます。

けれども、マルクスのようなごりごりした本の場合は、どうしても「行間を読む」ためには「先達」や「先導者」が要ります。

道を先に進んで、ときどき振り返って「ちゃんとついてきてるかい？」と声をかけてくれて、足場の悪いところでは手を差し伸べて引き上げてくれて、「ここがかんどころ」というところにたどりついたら、つるはしで硬い岩盤を叩き割って、「ほら、ここに耳を当ててごらん」と教えてくれる。そういう「先達」が必要です。その時に「先達」に言われるままに地面に耳を当ててみると、たしかに書き手の激しい息遣いや鼓動が聴こえる。そういう「ポイント」がところどころにあるんです。それを教えるのが「先達」の仕事です。僕はそんなふうに考えています。

「この本にはこんなことが書いてありますよ」と分かりやすく教えるのは「先達」の仕事ではありません。そこまで踏み込んではいけない。何が書いてあるのか、それを見つけ出して、それを聴き取って、自分の中に収めてゆくのは読者自身のすべき仕事です。それは他の誰にも代行できませんし、代行させてはいけません。

ですから、僕たちのような「先達」にできるのは、「ほら、ここに耳を当ててごらん」と言って、書き手の「生の声」が聴き取りやすいポイントを教えてあげることまでです。それ以上読者に影響を及ぼすことは自制すべきだろうと僕は思います。

果たして、そういう抑制の効いた本を書き上げることができたかどうか、それはみなさんにご判断頂きたいと思います。

僕がマルクスについて書くのはもうこれが最後になるかも知れません。ですから、最後にこれからマルクスを読もうとする勇敢な若い人たちに対して、祝福の言葉を贈って終わりにしたいと思います。

あなたがたの哲学的未来が豊かなものでありますように。

これは僕がずいぶん若い頃に哲学上の師であるエマニュエル・レヴィナス先生から贈ってもらった言葉です。それをみなさんにもお贈りしたいと思います。

〈もくじ●甦る『資本論』——若者よ、マルクスを読もう　最終巻〉

I

石川康宏第１書簡（2021年２月15日）

その沿革、概要、最近の研究成果

内田先生、こんにちは。『若マル』もいよいよ最終巻になりました。2008年11月6日がこのシリーズの出版を決めた日でしたから、書簡はもう12年もつづいています。この間に『若マル』3冊と番外編の『マルクスの心を聴く旅』を書いてきました。最初の1冊は文庫本にもなり、それを含めて多くが韓国語や中国語にも翻訳されましたね。

振り返ってみると、企画がスタートした2008年はリーマンショックをきっかけとした大資本による非正規切りによって、年末に日比谷公園に年越し派遣村がつくられた年で、翌2009年は政治の転換をもとめる市民の強い声で、民主党の連立政権がつくられた年でした。同じ時期に2人で書簡を書いて、2010年6月に『若マルⅠ』が出版されましたが、それはちょうど鳩山さんから菅さんに民主党政権の内部で首相が代わっていった時期でした。

そこから『若マルⅡ』が出される2014年9月までは、少し間が空きました。2011年に東日本大震災があって、東電の福島第一原発が大事故を起こし、これをきっかけに社会は騒然とした空気になっていきました。あの3月11日は職場の同僚や友人たちとのゴクラクスキーの最終日で、野沢温泉から日本海側にバスで抜けて、そこから関西にもどる予定だったぼくたちも、JRの不通のために直江津で落ち着かない一泊を余儀なくされたのでした。

官邸前に脱原発・原発ゼロを求める大集会が繰り返される一方、同じ2011年の11月には、大阪市長選と府知事選のW選挙で維新の会が勝利し、翌2012年末には野田民主党が敗北して、政権を失った２００９年の得票にさえ届かなかった自民・公明の安倍政権が消去法的に誕生します。政治の劣化の中で、ぼくたちは書簡の中でも「忙しい、忙しい」を繰り返すようになりました。『若マルⅡ』が出たのは、安倍政権が集団的自衛権の行使容認を閣議決定した直後のことでした。

次に出たのは番外編の『マルクスの心を聴く旅』です。２０１６年９月の出版でした。その年の３月にマルクスを訪ねるドイツ・イギリスの旅をして、グリムとマルクスについてフランクフルトで熱く語ってくれた池田香代子さんと３人でまとめた本でした。編集の松竹伸幸さんもずいぶん書いてくれましたね。安倍政権による安保法制の強行が２０１５年９月でしたから、日本はこれからどうなるんだろうという不安の中での旅であり、他方で２０１５年12月に「市民連合」が発足していましたから、よりましな政治や社会を求める新しい力に期待をかけながらの旅でもありました。

いちばん新しい『若マルⅢ』が出たのは、２０１８年９月のことです。副題は「アメリカとマルクス」でした。ドイツ・イギリスでの旅の途中で内田先生がマルクスとリンカーンのつながりにあらためて関心をもたれたこと、また２０１６年のアメリカ大統領選挙で「民主的社会主義」をかかげるバーニー・サンダースが一大旋風を巻き起こしたことあたりがきっかけでした。ぼくにとっては、ソ連ベッタリだったアメリカ共産党の歴史を、あらためてかなりまとめて学ぶことができたこと、また、スターリンへの強い反発も一つの要因となって生まれたＤＳＡ（アメリカの民主的社会主義）の活躍を「発見」できたことも大きな収穫でした。

そして『若マルⅣ』がスタートする今年2021年は、コロナパンデミックの2年目で、権力の私物化と市民の蔑視を格別の特質とする悪政を安倍さんから「継承、発展」した菅政権が初めての国政選挙に挑む年となります。この手紙を書いているいまは、コロナ感染の第3波が急拡大し、入院先を見つけられない感染者が自宅で亡くなるなど医療の逼迫が深刻化しています。菅政権は自身の無策を棚に上げて、市民への加罰を対策の中心にすえようとしていますが、これは政権への不信を越えて、強い恨みを生むように思います。この本が世に出るころに、日本社会はどうなっているのでしょう。衆議院選挙をきっかけに、コロナも菅政権も過去のことになっているといいのですが。

1、『資本論』はどうやって成立したか

▽マルクスの他の文献とはものが違う

さて『若マルⅣ』がとりあげるのは、いよいよ『資本論』です。『資本論』をめぐっては、若い世代の本がいくつも話題になっていますね。そうした土壌をつくる上で、この10年の『若マル』の継続は小さくない役割を果たしたように思います。書簡2往復にプラスアルファでなんとか形にしようというのが、この夏に天ぷら屋さんで決めた『若マルⅣ』づくりの作戦でした。書簡の1つ目

が資本主義論で、２つ目が未来社会論かなといったことも、帰りに店の暖簾をくぐりながらおしゃべりしたように思います。とはいえいつものことながら、お互いにパソコンに向かった時の指の気分に任せることになるのでしょう。

まずは『資本論』がマルクスの人生にとってどれだけ大きなウエイトを占めていたか、そこのあたりから書いてみたいと思います。『資本論』は１か月や２か月でチャッチャと書いた『共産党宣言』などとはエネルギーの投入量がまるで違った書き物です。１８４０年代というあの時期に、わずか29歳であれがチャッチャと書けたというのは間違いなくマルクス畏るべしの証明だったわけですが、『資本論』はそのマルクスが数十年の歳月をかけて研究を積み重ねた成果です。それはマルクスの書き物のなかでも別格中の別格でした。

『若マルⅠ』の「経済学・哲学草稿」のところで書いたことですが、エンゲルスから送られた原稿「国民経済学批判大綱」に強い衝撃を受けて、マルクスが経済学に取り組みはじめたのは、１８４３年末のことでした。その時、マルクスは弱冠25歳です。それからマルクスはとんでもない量の読書に進み、とんでもない量のノートを書いていきます。最初はアダム・スミス等代表的な古典派経済学者たちからの抜粋ノート、そして次第にそれらに対するマルクス自身のコメントが増えていくと。

そうした研究を14年も重ねて、ようやく自分の研究成果をまとめる原稿を書き始めたのが１８５７年10月のことです。マルクスは、すでに39歳になっていました。この時に書かれた原稿はマルクス関連業界では「経済学批判要綱」とか「1857～58年草稿」などと呼ばれています。試行錯誤をふくんだ下書きなんですが、大月書店から出されている『資本論草稿集』全9巻に全訳があり、その分量は分厚い本で丸2冊、日本語訳で1400ページを超えています。手書きの下書きで1400ページって、もう本当に想像の域を越えていますね。

その「草稿」の成果の上に立って、マルクスが初めて書いた経済学の本が『経済学批判』です。1859年の出版でした。ただし、これはそれまでの研究範囲のすべてを含むものではなく、壮大な「経済学批判プラン」の最初の、そのまた最初のごく一部分だけを書いたものです。とりあげられたのは商品と貨幣の範囲までで、肝心の資本はまったく登場しません。そこに進むためのいわば下準備にとどまる部分だったのです。

次に『経済学批判』のつづきのつもりで書き始めながら、話がどんどん広がってしまったのが、業界では「1861～63年草稿」と呼ばれている一段と巨大な草稿です。細かくて汚い文字（後にエンゲルスはこれを「象形文字」と呼んで嘆きます）でノート23冊にビッチリです。先の翻訳『草稿集』では全6冊、日本語訳でなんと4400ページを超える超大作で、後の『資本論』全3部よりも分厚いのです。よくもまあ同じ1つのテーマで、これほどのノートが書き続けられるものですね。

▽第1部の出版まで23年

そうした信じがたいほどの研究の積み重ねの上に、ようやく『資本論』第１部「資本の生産過程」の草稿を書いたのが、１８６３年8月から翌年夏までのことでした。この時、マルクスはすでに45歳です。最初のノートづくりから20年が経っていました。しかし、それにもかかわらず、マルクスはこれをすぐには出版しません。つづく草稿に向かうのです。第2部をとばし、１８６４年夏から年末にかけて第3部の内容を書いていきます。これが後に『資本論』第3部の第1～3篇にあたるところになりました。

翌１８６５年に今度は第2部に向かいます。しかし、これはわりとすぐに途中で終わっています。その後マルクスは長い時間をかけて第2部の草稿を全部で8つ残すことになります。その中で、これは最初のものなので第2部第1草稿といった具合に呼ばれています。同じ１８６５年の後半に、マルクスは再び第3部にもどり、現在の『資本論』の第4～7篇にあたる部分を書きました。この時期、エンゲルスには「全体が目の前にでき上がっていないうちにどれかを送り出す決心がつきかねる」（１８６５年7月31日）と書き送っています。ちなみに、第3部の草稿はここに紹介したものしか書いておらず、その結果『資本論』全3部の中では、全体の最後の部分にあたる第3部が、実は一番若い時期の原稿となりました。

「この『呪われた本』は……12月末にでき上がった」。１８６６年2月13日付の手紙でエンゲルスにこう伝えたマルクスは、１８６６～67年にようやく第1部の清書稿をまとめます。清書とはいえ

3年前に書いた草稿とは実際上、別の書き物となりました。その変化を招いた主な要因は、先の第2部第1草稿での恐慌の運動論についての新たな発見でした。ここは『資本論』全体の理解をめぐる最近のホットな話題のひとつですので、後でまとめてとりあげることにします。

こうして1867年『資本論』第1部はついに世に出ます。この時マルクスは48歳で、経済学研究の開始から23年がたってのことでした。あれだけたくさんの原稿を新聞や雑誌に書きまくったマルクスが、『資本論』第1部には、これだけの時間と労力を投入したわけです。チャッチャの本とは力の入り方が根本的に違います。

その後ただちにマルクスは第2部の草稿に向かい、1870年までに第1草稿も含めて4つ、1877年から1881年までにさらに新しく4つの草稿を書いていきます。途中に7年間の中断がありますが、この時期には1871年のパリ・コミューンを総括した『フランスにおける内乱』などを書き（これは『若マルⅢ』でとりあげました）、さらに『資本論』第1部をより読みやすくするために加筆した第2版を1873年に、また1872年から1875年までは『資本論』第1部のフランス語版を出版しています。このフランス語版は訳文の多くを自分で作成し、内容についても新たな発展をはかったもので、マルクス自身もここには独自の「科学的価値」があると自負したものでした。その成果はマルクスが残した指示にもとづいて、マルクス没後にエンゲルスがドイツ語第3版に盛り込んでいます。

しかし、こうした努力にも最後の時が訪れます。1880年から81年にかけて書いた第2部第8草稿を最後に、マルクスは重い病気のため『資本論』の草稿執筆にもどることができなくなり、1883年に65歳で亡くなります。第2部、第3部を出版して『資本論』を完成させたいとするマルクスの願いはかないませんでした。いま私たちの手元にある第2部、第3部はエンゲルスがマルクスの書き残した大量の草稿を読める文字に清書して、長い時間をかけて編集、出版したものです。清書の作業は、エンゲルスが象形文字を判読して口述し、これをオスカル・アイゼンガルテンという人物が筆記して、さらにエンゲルスが整理するというやり方で進められたそうです。

25歳で経済学の研究を開始して、最後の草稿を終えるまでに38年、『資本論』につながる本を書くための原稿を書き始めた「1857〜58年草稿」から24年の歳月が流れています。『資本論』は文字通りマルクスが生涯をかけた研究だったわけです。

2、『資本論』全3部の概要を解説する

▽『資本論』全体の組み立てはこんな具合

次に『資本論』全3部の篇別の構成を紹介しておきます。

第1部　資本の生産過程
第1篇　商品と貨幣
第2篇　貨幣の資本への転化
第3篇　絶対的剰余価値の生産
第4篇　相対的剰余価値の生産
第5篇　絶対的および相対的剰余価値の生産
第6篇　労賃
第7篇　資本の蓄積過程
第2部　資本の流通過程
第1篇　資本の諸変態とそれらの循環
第2篇　資本の回転
第3篇　社会的総資本の再生産と流通
第3部　資本主義的生産の総過程
第1篇　剰余価値の利潤への転化、および剰余価値率の利潤率への転化
第2篇　利潤の平均利潤への転化
第3篇　利潤率の傾向的低下の法則

第４篇　商品資本および貨幣資本の商品取引資本および貨幣取引資本への（商人資本への）転化
第５篇　利子と企業者利得への利潤の分裂。利子生み資本
第６篇　超過利潤の地代への転化
第７篇　諸収入とその源泉

第２部、第３部の部や篇や章のタイトルは、マルクスの草稿をもとにエンゲルスがまとめたもので、それが適切であるかどうかについては編集の内容そのものの適否とともに度々議論の対象となっています。しかし、ここではエンゲルス版第２部、第３部のタイトルをそのまま紹介しておくことにします。

▽第１部のあらすじ①――商品と貨幣、剰余価値と資本

内容をものすごくザックリと紹介しておけば、第１部は資本の運動を文字どおり生産過程に焦点を当てて分析したものです。なぜ資本主義の運動ではなく資本の運動かといえば、個々の資本による利潤追求こそが資本主義社会全体を動かす根本的な原動力で、資本主義の運動の究明は、個々の資本の運動の究明を出発点とせずにおれないからです。なぜ他ならぬ生産に焦点を当てるのかといえば、それこそが資本がその獲得を目的とする利潤が発生してくる現場になっているからです。

第1篇では、資本ではなく「商品と貨幣」が検討されます。それは資本の運動が商品経済と貨幣経済の上に成り立つものであるからです。資本は生産物を商品として売買し、それを通じて利潤を獲得します。だが商品とはいったい何のことで、商品が売買される時の価値や価格は何によって決まっているのか、また商品の売買を仲立ちする貨幣とはいったい何なのか。それらが究明の中心的な課題です。価値の実態はその生産に社会的平均的に必要とされる抽象的人間労働の量で、貨幣は商品世界の外からあてがわれた便利な道具ではなく、その内から歴史的にはじき出されてきたものといった、ややこしい議論が隙のない文章でゴリゴリ展開されています。

第2篇では、等価交換を原則とする商品・貨幣経済の上で、資本はなぜ利潤を得ることができるのかを問題にします。100万円のクルマを100万円で販売しても、利潤は生まれようがありません。では例えば80万円のクルマを100万円で販売するといった等価交換の侵害、あるいは購入者からの略奪によって利潤は生み出されているのでしょうか。しかし、それでは無数の部品や原材料を他の資本から購入しているクルマ資本もまた他の資本によって略奪されることになり、必ずしも利潤の獲得は保障されません。それに何より、それでは社会的な総資本はまるで大きく育つことができません。

これはマルクス以前の古典派経済学には解くことのできなかった難問でしたが、その解決の鍵をマルクスは、自身の価値を上回って新しい価値を生み出すことのできる「労働力」という商品の特性に見いだします。マルクスは労働力の価値と労働力が新たに生み出す価値の差を「剰余価値」と名づけました。この発見には「労働」と「労働力」の区別が決定的な意味を持ち、これを明快に区別することにより、剰余価値の発生は、商品経済の根本原則である等価交換の法則を少しも侵害することなく初めて説明されることになったのでした。

これは、同じ資本総額を投じても、部品や原材料のように生産の中で価値を移転するだけの「不変資本」部分と、新たな価値を生み出す「可変資本」（労働力）部分の比率が違っていれば、それによって得られる剰余価値の量が違うということも説明します。また議論のポイントとなる「労働力の価値」の内容の分析もとても面白いものになっています。

第３・４・５篇では、現に資本が行なっている剰余価値を拡大する方法が分析されています。１つは労働時間の延長や時間あたりの労働密度の強化によるもので、これは「絶対的剰余価値の生産」と呼ばれます。特に機械の発明と導入が進むことで、労働時間は人間の生理的限界を超えて延長され、18～19世紀のイギリスでは過労死が成人男性だけでなく、女性や子どもにも広がりました。この現実を前にして自らの命を守るために労働者がつくったのが、まずは労働時間の上限を求めることを求めた労働組合でした。マルクスはイギリスでのその闘いの歴史を詳細に検討しています。

剰余価値を拡大する２つ目の道筋は、機械の採用や改良、より効率的な労働力の編成などをつうじた個々の資本による生産力の上昇が、結果として、広く労働者の生活必需品の価値を下げ、これに応じて労働力の価値の引き下げを可能にするというものです。これが「相対的剰余価値の生産」と呼ばれるものです。

資本は剰余価値の拡大に向けて、他人を出し抜く秘策を練りますが、それは結果として互いを果てしない競争の外的強制に導きます。そして、その競争の絡みあいから抜け出すことのできない諸資本は、文明や科学の名のもとで人間と自然の際限のない破壊に突き進みます。労働者の命と健康を破壊し、労働がいつでも前提せずにおれない自然環境の破壊に進むということです。マルクスは、これにブレーキをかけられるのは、団結した労働者たちによる特に法をつうじた資本の制御だけだといい、さらにその制御を重ね、資本主義を改良していく歴史の中で、労働者は資本主義を超える新しい経済社会の管理・運営能力を獲得していくと展望します。

▽第1部のあらすじ②――賃金と労賃、資本主義の全生涯

第6篇では、資本家が労働者から剰余価値を取得している現実が、日常の意識に見えやすくないのはなぜかを問題にします。現代日本の労働基準法も賃金を「労働の対償」と表現していますが、マルクスは、そのように賃金が労働全体への支払いであるかのような「法律観念」をとることの背景に、「労働力の価値」という本質を「労働の価値（労賃）」として現象させる客観的な仕組みがあると指摘して、それは「科学によってはじめて発見されなければならない」ことだとします。こう

して労賃の現象から賃金の本質を暴いた上で、マルクスは時間賃金と出来高賃金という労賃が支払われる2つの基本形態の分析に進んでいきます。

第7篇では、資本家による労働者の一回限りの搾取ではなく、その繰り返しを通じた資本主義の歴史的な変化が検討されます。取得された剰余価値を次の生産に追加していく拡大再生産は、資本の構成全体に占める機械設備や原材料などの比率を次第に高め、雇い入れる労働者の比率を小さくします。その結果、資本主義の社会には景気の良い一時期にのみ仕事にありつくことができる「産業予備軍」が形成されます。当然のことながら、それは現役労働者の状態改善の重石として利用され、労働者の分断や不団結を生み出す材料ともされていきます。

マルクスは、こうした社会システムの究明を抽象的な推論として行なうだけでなく、経済統計や工場監督官報告、議会の議事録などから無数の例証もしめしながら、富と貧困の二極分化を「資本主義的蓄積の一般的法則」としてまとめます。それは、労働者の貧困からの解放が、労資関係にもとづくのでない新しい社会の形成によってはじめて達成される、ということを意味するものでもありました。

さらにマルクスは確立された資本主義の蓄積過程だけでなく、それ以前の社会の中から資本主義が生み出されてくる歴史的に最初の蓄積を「資本の本源的蓄積」の名で、イギリスの歴史にそって明らかにします。核心は一方への生産手段の集中と、他方での生産手段から切り離された大量の労働者の形成で、それは国家の強制力も活用しながら農村民の手から土地をたたき落とす過程を軸に展開されています。

最後にマルクスは第1部全体を総括して、確立した資本主義の中での「生産手段の集中と労働の社会化とは、それらの資本主義的外被とは調和しえなくなる一点に到達する」と書き、資本主義と労働者の闘いや成長がもたらす客観的な条件と、問題のより根本的な解決に向かおうとする多くの労働者の意志の結びつきが、資本主義を超える人間社会の新しい段階を切り拓くことを展望しています。ポスト資本主義の展望ということです。

ふう、長いですね。こんな調子で第2部・第3部を解説していくと、それだけで今回の書簡は終わりになってしまいそうです。以下は、さらに簡略化を心がけることにします。

▽第2部のあらすじ——社会的総資本の生産と流通

『資本論』第2部は、検討の視野を資本の流通過程に拡げています。第1部での検討は、必要な機械や部品や原材料がいつでも市場で入手でき、また自身の生産物が市場でうまく販売できることを一方的に前提するものとなっていました。なぜ、どうしてそれが可能であるかについては何も論じられていません。その論理的な借りを返し、さらに周期的な恐慌という資本主義経済の大問題の究明に向かうのが第2部の内容となっています。

第1篇では、まず個別資本の運動をとりあげて、それを生産過程だけでなく、G貨幣資本――W商品資本……P生産資本……W´商品資本――G´貨幣資本という「循環」運動の中で検討し、第2篇ではこれをさらに周期的に繰り返される「回転」の中で検討していきます。第1部の冒頭部分で、資本ぬきで検討された市場経済が、ここでは資本が担う資本主義的な市場経済として分析されます。「循環」と「回転」の違いですが、「回転」では商品の生産に必要な部品や原材料の価値を一度の「循環」の中ですべて生産物に移転する「流動資本」と、たとえば10年がかりで少しずつその価値を生産物に移転させる機械など「固定資本」との区別が大きな問題となってきます。

第3篇では、個別資本ではなく、それらの総体である社会的総資本の運動へと検討の視野が拡げられます。個々の資本がその生産に必要な商品を過不足なくどのようにして手に入れることができ、また生産された商品をどのようにしてすべて販売することができるのか、さらに多くの資本家や労働者は毎日の生活に必要な諸商品をどのようにして過不足なく手にすることができるのか。

これをマルクスは、社会的総資本を、生産手段を生産する第Ⅰ部門と消費手段を生産する第Ⅱ部門に分け、さらに両部門の資本価値の構成を「不変資本C＋可変資本V＋剰余価値M」と表示して、第Ⅰ部門の「V＋M」が第Ⅱ部門の「C」に等しい時に、常に同じ規模での生産が繰り返される単純再生産が可能となり、第Ⅰ部門の「V＋M」が第Ⅱ部門の「C」より大きい時に、再生産の度にその規模を拡大していく拡大再生産が可能になることを明らかにしています。

マルクスは拡大再生産の究明にずいぶん苦労しましたが、注目すべきは、右のような過程が正常に進行する条件のみをここに書き込んで、1825年以降周期的に発生している恐慌＝再生産の「攪乱」に関する具体的な分析がどこにもなされていないということです。実に不思議なことですが、この点はエンゲルスによる第2部編集の妥当性をめぐる大きな論点ともなっていますので、後でまとめて論じることにします。

▽第3部は資本家の目に映る経済へ

さて急いで第3部にすすみましょう。第3部のタイトル「資本主義的生産の総過程」はエンゲルスがつけたもので、実はマルクスは第1部初版への序言でも第3部の草稿でも「総過程の諸姿容」としています。エンゲルスのように「生産の総過程」というと、課題は生産過程と流通過程の全体の検討に見えるかも知れませんが、マルクスはその作業は第2部第3篇で終わっているとして、第3部では、その全体が生み出す「具体的諸形態」つまり「それらが社会の表面で、様々な資本の相互の行動である競争のなかに、また生産当事者たち自身の意識のなかに現われる形態」を明らかにするのだと言っています。

ふりかえってみると、第1部で展開された内容は主な「生産当事者」である資本家の意識には上ってきません。価値や剰余価値といった世界は資本家の日常の活動には意識化されていない世界です。

第2部も固定資本と流動資本の区別などはあっても、それが剰余価値の生産にどう影響するかなど内面の論理はやはり意識されません。第3部ではいよいよそれらが資本家の日常の経済活動の世界にどのように現われるかを明らかにするというのです。現象の世界から内面の世界に分析のメスを入れるだけでは不十分で、内面の世界がどうしてそのような現象の世界を形成せずにおれないのか、そこまで明らかにしなければ内面の解明は単なる独りよがりでしかないというのがマルクスの考え方でした。

資本家の目に映る日常の世界は、必ずしも内面の世界をそのまま反映したものにはならず、その結果、資本家たちは表面世界での認識にもとづいて経済活動を展開します。それが、たとえば第1部で展開された商品の価値にもとづく市場経済を、利潤概念をふまえた生産価格にもとづく市場経済に転化させることになります。このようにして内面の世界から現象の世界に向けて、必要な手順をとばすことなく認識を一歩一歩前進させる方法をマルクスは「発生論的な方法」と呼びました。

第3部の課題をこのように見ていけば、タイトルはやはり「総過程」ではなく「総過程の総姿容」が適切だったように思います。

▽第3部のあらすじ――利潤、剰余価値の分配、未来社会

具体的には、第1・2・3篇で資本家たちに意識される「利潤」の世界が検討されます。第1・2

部では労働力に投下された「可変資本」から剰余価値が発生しましたが、資本家の日常意識にあっては「もうけ＝利潤」は投下された総資本が生み出すもので、労働力だけから生まれるものではありません。

そして、最初に１００の総資本を投下しても、資本の内的な構成がたとえば「可変資本」80、「不変資本」20の部門では、可変資本の増加率である剰余価値率が１００％なら剰余価値＝利潤は８０で、総資本の増加率である利潤率は80％ですが、他方で「可変資本」20、「不変資本」80の部門では、剰余価値率が同じ１００％でも利潤率は20％にしかなりません。そこで資本家たちは互いに利潤率のより高い部門を求めて移動しあい、それらの行動の結果として、そう意図することなく社会の中に平均利潤率という均衡点を形成します。

ここにいたって商品の価格の基準は、その生産に必要とされた労働の量にもとづく価値ではなく、その商品の生産に必要とされた「費用価格」（内実はＣ＋Ｖ）に平均利潤を加えた「生産価格」になります。資本家たちの日常意識では、価値や剰余価値といった内面世界の運動は生産価格や利潤という社会の表面に現われ出る姿の形でとらえられるのです。

個々の資本家は平均利潤以上の利潤を獲得するために、費用価格（Ｃ＋Ｖ）の圧縮をめざします。具体的には機械生産の改良や労賃の節約に突き進み、その結果、ＣとＶのバランスではどんどん前者の比率が高くなります。しかし、利潤の源である剰余価値はＶからしか生まれませんから、この行動はこれまた、誰もそう意図することなく社会の平均的な利潤率を押し下げます。デイビッド・リカードなどマルクスの先輩にあたる古典派経済学者は、この利潤率の低下傾向に資本主義の危機を感じ取りました。マルクスもその問題意識を引き継いで、周期的な恐慌こその危機の具体的な現われだとして、利潤率の傾向的低下から恐慌の発生を説明しようと試みますが、充分な解明にはいたっていません。

第４・５・６篇では、剰余価値の分配が問題にされます。これまでの『資本論』の究明では、剰余価値は商品を生産する資本（産業資本）の手元にすべてが残ると仮定されていました。しかし、実際にはモノづくりをする産業資本は、その販売をデパートや量販店などの商業資本にまかせ、時には必要資金を銀行資本から借り、また日本では多くありませんが大きな工場を建設した場所の地代を地主に支払わねばならないようなことも起こります。

剰余価値は労働者が労働力の価値を超えて新しい価値をつくるところから発生しますから、労働者から資本家や地主の世界に剰余価値を吸い上げるのは産業資本です。しかし、その産業資本は販売をまかせた商業資本に「商業利潤」を引き渡し、銀行には「利子」を、地主には「地代」を支払わなければなりません。その結果、産業資本の手元に残るのは自身が引き出した剰余価値からこれらを差し引いた「産業利潤」となっていきます。この４者には競争関係がありますが、労働者からより多くの剰余価値を吸い上げたいという点では利害が一致しています。

しかし、実は、第5篇の信用論と第6篇の地代論は、原稿らしい原稿になっていない箇所も多く、特に第5篇についてはエンゲルスも読める文章に編集することを最後には投げてしまったほどの「無秩序」状態でした。また第6篇にかかわってマルクスは、世界的な土地所有の歴史と未来についてなど、ここには残さなかった問題意識を、その後、いくつかの手紙に書いたりもしています。最後の第7篇は『資本論』全体のしめくくりにあたる箇所ですが、先に述べたように、第3部の草稿が書かれたのは第1部や第2部が書かれる前の1864年から65年にかけての時期で、そもそもここに熟したまとめを求めることは無理な話です。しかし面白い論点はいくつもあります。

経済の日常世界の叙述に終始した「俗流経済学」や、その背景にある内面の世界に進みながらそれと日常の世界とを媒介なしに結びつけた古典派経済学への批判は、科学における論証の方法をあらためて考えさせるものとなっていますし、物質的な生産の発展を土台に労働時短の短縮を進め、それによって得られる自由時間の中で各人が自分の能力を自由に発展させる条件を拡げていくのが未来社会の最も重要な歴史的特徴だとする議論も登場します。最後の最後は第52章「諸階級」となっていますが、残念ながら最初のごく一部だけで終わっています。

3、最新の研究成果とかかわって

▽マルクスが『資本論』で明らかにしたかったこと

さて、このような構成をもつ『資本論』の全体によって、マルクスはいったい何を明らかにしようとしたのでしょう。あらためてその内容を、マルクス自身の言葉で確認しておきます。これについては『資本論』第１部初版への「序言」がもっともよくまとまったものになっています。

①「私がこの著作で研究しなければならないのは、資本主義的生産様式と、これに照応する生産諸関係および交易諸関係である」

②「資本主義的生産の自然諸法則から生ずる社会的な敵対の発展程度の高低が、それ自体として問題になるのではない。問題なのは、これらの諸法則そのものであり、鉄の必然性をもって作用し、自己を貫徹するこれらの傾向である」

③「たとえある社会が、その社会の運動の自然法則の手がかりをつかんだとしても――そして近代社会の経済的運動法則を暴露することがこの著作の最終目的である――その社会は、自然的な発展諸段階を跳び越えることも、それらを法令で取りのぞくこともできない。しかし、その社会は、生みの苦しみを短くし、やわらげることはできる」（『新版・資本論１』新日本出版社、

２０１９年、11〜14ページ）

少し注釈を加えてみます。引用①で、ものの交換や商売を意味する「交易」と訳されているのはドイツ語の「Verkehr」なのですが、調べてみると「Verkehr」は、もともと経済的な関係に限定されず、交通や運輸、人と人との交際あるいは社交などの幅広い意味を持っています。それを考えると直前の「生産諸関係」が経済の領域における人間関係を指しますから、「Verkehr」の方はそこにとどまらない、より広い人間関係を表わしているように思えます。実際、引用②にも「社会的な敵対」という言葉が登場しますが、『資本論』の本文には工場法をめぐる労資の闘い、資本主義の発展にともなう家族や男女関係の変化、労働者たちの自発的な団結や協同の進展など、「生産」や「交易」といった範囲にとどまらない様々な人間関係が登場しています。

もう一つ「資本主義的生産様式」という用語にかかわってですが、マルクスは本文中で概ね機械制大工業のことを「独自の資本主義的生産様式」（資本主義に独自の、それ以前の社会にはなかった生産の仕方）と呼んでおり、経済活動の中で、そのような生産様式が支配的になった社会のことを資本主義の社会と呼んでいます。そして、そうした社会が確立する画期を「産業革命」に求めました。引用②では労資関係を中心とする「社会的な敵対」の高低ではなく、それを生じさせる「資本主義的生産の自然諸法則」の究明こそが問題だと述べています。引用③にも「自然法則」「自然的な発展諸段階」といった言葉が出てきますが、ここでの「自然」はそのものが本来もっている性質といった意味でしょう。つまり自然科学が自然を分析するのと同じように、マルクスは社会のうちに、それ自身がもつ構造や発展の法則を探求しようとしたのでした。引用③では、よりはっきりと、そうした諸法則の「暴露」がこの研究の「最終目的」だと言っています。

最後に引用③は、諸法則を暴露する意義についても書いています。近代資本主義社会の成員が「この社会の〔自然な――石川〕運動法則をつかんだとしても」、それによってこれを「取りのぞくこと」ができるわけではない。しかし、その「手がかり」がつかめれば、その社会の「発展」法則によって生み出される未来社会の「生みの苦しみを短くし、やわらげることはできる」。つまり資本主義が長くつづくことによる人々の犠牲は小さくすることができるというのです。

これらの文章には、社会の変革者・革命家であろうとしたマルクスが、なぜこうまで人間社会の学問的な究明に突き進まずにおれなかったかという理由がよく示されていると思います。社会変革の運動とは社会自身が本来もっている発展法則の実現を促進する運動に他ならず、したがって、いかなる善意にもとづくものであっても、科学的な社会認識を欠いた運動は成功することができない。これがマルクスの革命運動論の根本にある考え方なのでした。

なお、これもマルクスの大きな特徴ですが、マルクスは社会の改良や革命に向けて闘う労働者たちの成長や発達を「社会の運動の自然法則」の不可欠の要素ととらえています。それは資本主義のどこか外に生まれるものではなく、資本主義そのものの産物だということです。むき出しの資本の論理に抵抗し、これを規制し制御する取り組みを重ね、その中で労働者は資本主義を乗り越える力を次第に身につけていく。その過程もまた資本主義の「自然法則」の重要な内容としてとらえられているのです。

▽恐慌と社会変革をめぐる理論の大転換

最後に、最近の『資本論』研究の内容にかかわって、ぼくがとても重要な提起だと思う論点を一つだけ紹介したいと思います。

マルクスがそれまでの研究の総まとめを開始した「1857～58年草稿」から、その後『資本論』に至るまでの間に革命運動論の大きな転換があったということについてです。この転換は経済理論そのものの発展と深く結びついたものでした。

「1857～58年草稿」段階のマルクスは、まだ革命は恐慌に引き続いて起こるという「恐慌＝革命」説の立場を取っていました。これはマルクスも参加した1848年革命が1847年の恐慌に引き続いて勃発したという歴史の体験に大きく影響された考え方です。同時に、この時期のマルクスは恐慌を、資本主義の末期的現象ととらえてもいたのでした。しかし、1848年革命の敗北後、強い期待を寄せていた次の恐慌が1857年に発生したにもかかわらず、労働者運動の新たな高揚は生まれません。

マルクスはこれをきっかけに、資本主義経済の運動と革命の関連について新たな模索を開始します。この草稿には、資本主義の制限と限界を論じた有名な文章があるのですが、実は、そこには資本主義を限界に辿り着かせる上での労働者運動の役割がほとんど何も登場しません。この時点でのマルクスの革命イメージは、恐慌による生活困難の深刻化をきっかけとした労働者の「蜂起」を基本にしていたのです。

「１８６１～63年草稿」になると、新しい問題意識が生まれてきます。生産力の発展にともなって資本による労働者の結合が進んでいくが、それは資本主義の改良や変革にむけてどういう可能性を生み出すのか、そういう問題意識です。資本によって結合された労働者の集団をとらえる「全体労働者」という概念もこの段階で初めて登場してきます。

１８６４年に国際労働者協会（インタナショナル）が発足すると、マルクスはそこで中心的な役割を果たしていきますが、その経験は変革者としての労働者の成長に対する関心を深めさせます。しかし、１８６４年に書いた『資本論』第３部第１～３篇の草稿では、まだ、デイビッド・リカード等が資本主義の危機を直感した利潤率の低下から恐慌を説明し、そこから資本主義の没落を論じようとするところにとどまりました。これは「１８６１～63年草稿」から繰り返し試みられていたもので、この時期のマルクスはまだ「恐慌＝革命」説の枠内にいたということです。

そこに大きな転換をもたらしたのが、1865年の『資本論』第2部第1草稿です。恐慌は資本主義の末期症状を示すものではなく、確立した資本主義が常にその中で運動する日常的な景気循環の一局面にすぎない。したがって、そこに資本主義の歴史的限界の格別な現われを見ることは誤りである。そういう認識に達したのです。そして、ここから後のマルクスには、恐慌と革命を結びつける試みや、恐慌を利潤率の傾向的低下から説明するという試み自体が消えていきます。

そして、同じ1865年にインタナショナルで行った講演「賃金、価格および利潤」で、マルクスは、資本主義の変革論に労働者階級の発達論を骨太く組み入れます。恐慌という生活の危機に労働者の立ち上がりの期待をかけたいわば「危機頼み」の変革論ではなく、あらかじめ多くの労働者を組織し、労働や生活の困難の根拠やそれを改善する方法についての理解を共有することから社会の変革に進んでいく、そういう立場を取る多数者革命論の探求がここから本格的に開始されることになったのでした。

1865年の後半には、『資本論』第3部の第4~7篇の草稿が書かれますが、第4篇の商人資本論では、恐慌を生み出す莫大な過剰生産の周期的形成は、産業資本に対する商人資本の「架空の需要」にもとづいて行なわれる。そのことが第2部第1草稿以上に詳しく展開され、また第5篇では、恐慌を資本主義がその中で運動する「産業循環」の一局面だとはっきり位置づけなおします。

つづく1866年には『資本論』第1部の清書稿が書かれますが、その初稿は右の理論的転換より前（１８６３～64年）に書かれたものでしたから、大幅な加筆がなされることになりました。特に注目されるのは労働者が資本による野蛮な支配に翻弄されるだけでなく、だからこそ変革者としての成長を遂げざるを得ないと指摘する次のような箇所です。

一つ目は、第３篇第８章「労働日」の歴史的な記述の拡大です。ここには資本による際限のない長時間労働の求めに抵抗し、ついには工場立法を勝ち取るにいたるイギリス労働者の闘いの歴史が大幅に追加されています。

二つ目は、第4篇「相対的剰余価値の生産」に「全体労働者」の概念を駆使して、協業、マニファクチュア、機械と大工業という生産力発展の３つの段階をつうじた資本による労働者の結合の発展を描き、それによって労働者が未来社会での生産を担う集団的な主体として成長する過程が書き加えられました。資本主義の発展そのものが労働者に、資本家の指揮を必要とせずに生産と経営を行なう能力を養うという論点です。

三つ目は、第23章「資本主義的蓄積の一般的法則」を新たに書き起こし、資本主義の発展そのものが資本家への富の蓄積と労働者への貧困の蓄積をもたらすことを明らかにし、労働者がその苦難から抜け出す道は資本主義そのものからの脱出以外にないことを強調した点です。第24章第7節「資本主義的蓄積の歴史的傾向」でマルクスは、生産の共同的性格の深まりや科学の生産への適用など未来社会を準備する様々な客観的条件とともに、資本によって結合された労働者が自覚的に団結し、闘いの中で訓練され、十分な成長を遂げることを変革への不可欠の条件としてあげています。それには「恐慌＝革命」論を脱した後のマルクスの社会変革論の到達点を、ごく簡潔にまとめたものといっていいでしょう。

▽マルクスの転換とエンゲルスの編集上の問題点

しかし、その後、困ったことが起こります。マルクス亡き後、『資本論』第2・3部の編集に挑んだエンゲルスが、『資本論』全3部の草稿執筆過程で起こったマルクスの理論的な転換に気がつかず、その到達点を第2・3部の編集に活かすことができなかったのです。その結果、エンゲルス版の『資本論』第2・3部には次のような問題が残されました。

1つは、産業循環の動因となる周期的な恐慌の運動論をマルクスは第2部第3篇で展開しようとしたのですが、エンゲルス版の第2部には、この論点がまったく含まれていないということです。実際、エンゲルスによる第2部の編集作業は、マルクスが残した8つの草稿を出発点に行なわれましたが、理論的転換の場となった当の第1草稿について、エンゲルスは第2部への「序言」で「利用できるものはなかった」と書いています。この論点の欠落は『資本論』における恐慌論の全体像や『資本論』全3部の構成の理解について、マルクスの到達点との大きな齟齬をもたらすものとなりました。

もう1つの問題は、エンゲルスがこの理論的転換の前に書かれた第1～3篇と、その理論的弱点を乗り越えた後に書かれた第4～7篇を何の注釈もなしにつなげて第3部をまとめてしまったということです。これによって『資本論』全3部は、この理論的転換以後に書かれた第1・2部とそれ以前の「恐慌＝革命」論にもとづく前半部分を残した第3部から成るものとなり、これが後に第1・2部の内容を第3部前半の古い「恐慌＝革命」論と整合的に理解しようとする種々の混乱を生み出すもととなっていきました。

マルクスとの終生の共同研究者だったエンゲルスがどうしてこのような問題を残してしまったのか。その理由については、出版を急かされることを嫌って、マルクスが『資本論』研究の到達点をエンゲルスにほとんど伝えることがなかったこと、またエンゲルスにはマルクスの研究の発展過程を示す「１８５７～58年草稿」以降の各種草稿を検討する時間が十分なかったことが主なものだと思います。

エンゲルスによる第2・3部の編集がなければ、おそらく関連の草稿は今もばらばらに残されたままであり、この点でエンゲルスの功績がきわめて大きなものであることは間違いありません。ただし、そのことを認めた上で、近年の『資本論』研究は、エンゲルス版『資本論』よりもマルクスその人の研究の到達に近いマルクス版『資本論』の模索に進んでおり、２０１９年から分冊で出版されている新日本出版社の『新版・資本論』はその最初のまとまった試みとなっています。これはつづく議論の新しい出発点となっていくでしょう。

ふう、ぼつぼつ終わりにします。書きたいことはまだたくさんありますが、それは次の手紙にとっておきます。

では、内田先生、次をよろしくお願いします。健康には十分、留意してください。

Ⅱ

内田樹第1書簡（2021年5月8日）

資本が初めて生身の人間にふれた時

石川先生

ご無沙汰してます。『若マル』もいよいよ最終巻です。2010年に『若マルⅠ』が出てから、なんと11年。『共産党宣言』から始まって、『資本論』までたどりつきました。感慨無量です。

この企画のおかげで、石川先生という先達に導かれながら、マルクスのテクストをていねいに再読することができました。一人の思想家のものをこれだけの時間をかけて読むということはなかなかないできないことです。最終巻を書き始めるにあたって、先達として、また対話の相手として、マルクス読解の旅を共にしてくださった石川先生に感謝の意を表したいと思います。あわせて、この気長な読書計画を支援してくださったかもがわ出版の松竹伸幸さんの忍耐と雅量にもお礼を申し上げます。なんか「あとがき」の前倒しみたいですけど、話を始める前に、とにかく「ようやくここまで来たか」という感慨にちょっとだけ浸らせてください。

1、『若マル』が中国、韓国で受け入れられる

▽中国共産党の推薦図書になった理由？

ご存じの通り、僕たちの本の想定読者は日本の高校生です。教科書みたいな書き方をしていたの

では、高校生は読んでくれません。そこで僕たちが採用したのは通りすがりの高校生の袖をつかんで「お願いだから、おっちゃんたちの話を聞いて」と懇請するというスタンスでした。書く側が必死だと、「そこまで言うなら」とちょっとだけ振り向いてくれるかも知れない。

だから、中国共産党中央紀律委員会の推薦図書に選定されたというニュースには正直言って驚かされました。もちろん海外の「マルクスの専門家」から評価されたことはうれしくないはずがありません。でも、これ「高校生向きの入門書」ですよ。どうしてそれが「共産党幹部党員指定図書」になってしまったのか？

それはやっぱり当今の中国共産党員たちがあまり真剣にマルクスを読まなくなったという（大きな声では言えない）先方の事情があったからじゃないかと思います。なにしろ中国共産党は党員だけで９２００万人もいるわけです。みんながみんなマルクスを熟読玩味しているはずはない。「いや、私、実はマルクスの本一冊も読んだことがないんです……」というような方もいらっしゃると思います。そこで共産党もそれではまずいというので、こういう党員たちのために「マルクスを噛んで含めるように解説した入門書」を探していた。そのとき、たまたま『若マル』に目が留まった……ということじゃないでしょうか（違っていたらごめんなさい）。

どういう事情であれ、マルクス主義では「老舗」の隣国から「共産党幹部党員用入門書」とご推薦いただいたわけですから、これはちょっとうれしい。宮崎駿さんが前にインタビューで「ジブリのアニメは日本の子ども向けに作っている。世界市場なんか狙ってない。世界で売れたとしたら、それはボーナスみたいなもんだ」と語っておられました。ジブリとわが身を比べるのはあまりに僭越ですけれど、「日本の高校生向け」に書いていたら、図らずも「ボーナス」が届いたという点だけはちょっと似てます。「日本の高校生に向けて」とにかく必死で書いていたことの功徳ではないかと思います。誰を想定読者にしようとも、「読んで」という懇請の願いが強ければ、それはある種の国際共通性に通じるということを教えてもらったことは、僕たちにはとてもうれしいことでした。

▽韓国語版が出版された事情

『若マル』は韓国語訳も出ました。ただし、中国と韓国では事情がぜんぜん違います。中国は社会主義国ですから、マルクスは「読むべき本」です。でも、韓国は事情が逆です。韓国でマルクスは久しく禁書でした。

韓国にはいまも国家保安法という法律が存在します。1948年の大韓民国建国直後に制定されたこの法律は「北朝鮮と共産主義を賛美する行為及びその兆候」を取り締まりの対象としています。87年の民主化以後、表現の自由を求める市民たちがこの法律の廃棄を求めてきましたけれど、今日にいたるまで廃棄されていません。ですから、いまでも法律上は韓国内では、マルクス主義を賛美する行為は処罰の対象となり得るのです。ですから、韓国では「マルクスなんか読んだことがない」というのがデフォルトなのです。そのため韓国にはマルクス研究の蓄積がありません。李氏朝鮮、日韓併合、朝鮮戦争、反共軍事政権と続いたわけですから、韓国にはマルクス研究が根づく歴史的環境がありません。

でも、マルクス主義についての知識抜きで19世紀以降の欧米の社会科学を理解することはできません（「できない」とまでは言い切れませんけれど、非常に難しい）。それはキリスト教についての知識抜きで西洋の哲学や文学を理解することが難しい（ほとんど不可能）というのと同様です。韓国がこれから自前の社会科学・人文科学を生み出すためには、マルクスについての知識は必須です。でも、市販のマルクス研究書はほぼすべてが読者がマルクスの主著を読み終えていることを前提に書かれていますから、入門書としては使えません。必要なのは入門書です。それも「使える入門書」です。

僕の考える使える入門書の条件があります。それは読者を「扱っている論件についてまだ十分な知識を持っていないが、筋道を通して説明すれば、かなりややこしい話でも理解してくれる知性を具えた人」と設定していることです。僕の個人的な定義ですから、一般性は要求できませんけれども、僕はそう思っています。

でも、そういう本はなかなかありません。読者を「十分な知識を持ったもの」と勝手に想定して、「周知のように」というふうにいきなり専門的な内輪の話を始めてしまう本か、あるいは読者を何も知らないものだと決めつけて、通り一遍のことだけ言って手早く仕事を済ませてしまおうとする本か、どちらかに偏ります。入門書はだいたい後の方になりがちです。僕たちはそのどちらでもない本を書こうと思いました。十分に専門的ではあるが、説明に際しては読者に十分に親切な本。たぶん、僕たちのねらいはある程度までは達成されたのだと思います。とにかく、隣国に読者を得たことを僕たちはほんとうにうれしく思っています。この『資本論』読解も、中国や韓国やあるいは他の国々の読者が読むことを想定して、ていねいに、親切に書いてゆきたいと思います。まえおきは以上です。

▽『資本論』読解を第1部に限定する理由

今回の『資本論』読解もこれまでのマルクス読解と同じように、まず石川先生にきちんとした専門的な解釈を示してもらいました。僕の仕事は、いつものように非体系的に、思いつくまま書くことです。

僕たちの『資本論』読解は、基本的には第一部に限定されます。石川先生が解説してくださったように、『資本論』のうちマルクスがきちんと目を通して校閲したのは第一部だけです。第二部・第三部はエンゲルスがマルクスの書き残した「象形文字」のように読みにくい膨大な草稿を清書して、編集したものです。こういう作業では、どうしても清書者・編集者が「理解できないアイディア」は読み落とされるか、場合によっては「理解できるアイディア」に書き換えられてしまいます。そういうことは草稿から本を作るときにはよく起きることです。

20世紀言語学の祖であるフェルディナン・ド・ソシュールの『一般言語学講義』はソシュールの著述ではなく、聴講した人たちのノートやソシュールの草稿を編集したものです。でも、編集者は二人ともソシュールの講義を聴講していませんでした。ですから、『講義』の内容については、それから後ずいぶんいろいろと疑義が呈されました。「そんなことをソシュールが言うはずがない」と。でも、不完全なテクストとはいえ『講義』を読んだ人たちがソシュールのアイディアに影響を受けて、そこから「構造主義」というきわめて生産的な知的パラダイムが形成されたことは歴史的事実です。巨大な思想家は、その断片的なテクストからでも豊かな知的な贈り物を後世に残すことができる。

マルクスの場合もそうだと思います。これから先、草稿の研究がさらに進めば、いずれ『資本論』も定本が確定するでしょう。でも、だからといってこれまでの「不完全な『資本論』テクスト」に基づいて練り上げられた学知や、それに基づいて考想された運動の歴史的な意味が著しく減じるということはないと思います。

とはいえ、紙数の制約もあり、僕たちは間違いなくマルクスの整合的な知見が書き込まれているはずの第一部を軸に据えて『資本論』を読むことにします。

2、資本主義の始まりに本質が集約されている

▽マルクスの怒りが極点に達している

「非体系的」と宣言した通り、僕はまず第一部の終わりの方の第24章「いわゆる原初的資本蓄積」の話から始めたいと思います。ここでマルクスはどうやって資本主義は始まったのかという話をしています。僕は『資本論』の一番本質的なところがここに集約されているような気がします。それに、この章がとっつきやすいのは、何よりも具体的な歴史的事実を踏まえているからです。

石川先生は『資本論』を最初から順を追って解説する計画だったと思います。でも、商品と貨幣の分析から話を始められると、たぶんふつうの高校生はあっという間に眠ってしまうんじゃないかと思います。眠られては困る。それよりは、どうしてマルクスが商品と貨幣の精密な分析をしなければならないと思うに至ったのか、その「前史」から話を始めた方がよろしいのではないか。というのは、マルクスをして『資本論』を書かしめたのは（『共産党宣言』からずっと変わりませんが）、この世の中の不正不義に対する激しい怒りだからです。そして、僕が読んだ限りでは、第24章がマルクスの怒りが極点に達している箇所のように思われます。人間は抽象的なことについては怒りを感じたりはしません。目の前の人間が現に味わっている具体的な苦痛や屈辱や飢餓を前にして怒り

を感じる。許せないと思う。

「惻隠《そくいん》の心は仁の端《たん》なり」という『孟子』の言葉があります。小さな子どもが井戸に落ちそうになったら、誰でもさっと手を伸ばして、止めようとする。ここで助けておくとあとで子どもの親からお礼を言われるかも知れないとか、助けないと仲間からあとで「不人情なやつだ」と非難されるかも知れないとか、そういう計算抜きで、ただ無心に手が伸びる。それが人間のもっとも深い徳性の発動であると孟子は説いています。僕もその通りだと思います。

『資本論』第24章はいわばマルクスの「惻隠の心」が発動している箇所です。「囲い込み」によって土地を失い、生産手段から切り離されて、労働力を売るより生きる術のなくなったプロレタリアートたちへの抑えがたい同情と、彼らをそのような立場に追いやった資本家たちへのストレートな怒りに駆動されて、マルクスは「資本の原初的蓄積」というアイディアに至りつきます。ここで重要なのは「原初的（primitive/ursprüngliche）」という形容詞です。

「原初的」は「起源的」あるいは「前史的」と言い換えてもよいですけれど、「時間的に先行する」という意味です。でも、僕はそれだけではなく、「原初的」という語にマルクスは「人間の身体にかかわる」という意味を託していたのではないかという気がします。「資本制生産様式が生まれるまさにその時の」という意味だけでなく、「資本がはじめて人間の身体に実際に触れて、それを傷つけ、貪るようになったまさにその時の」という生々しい意味を付与しようとしていたのではないかという気がします。もちろん辞書的には「原初的」にそんな意味はありません。でも、僕はそんな気がした。どうして「そんな気がした」のか。それをご説明するために、第24章をみなさんといっしょに読んでゆきたいと思います。

∇どうして不条理な過程が始まってしまったのか

最初にまずマルクスの「獅子吼《ししく》」を聴いてもらいます。

もちろん一読しただけでは意味がわからないと思います。でも、いいんです。オペラのアリアみたいなものです。アリアは「きかせどころ」ではあるけれども、イタリア語がわからない人には意味がわからない。それでも聴いて「なんか、すごい」ということはわかる。ですから、お手数ですけれども、ここからは音読してみてください。意味はわからなくてもいいです。

「はじめは出発点にすぎなかったものが、過程のたんなる反復、すなわち単純再生産を媒介にして、資本制生産固有の結果として、たえず新たに生産され、永続化されていく。一方では生産過程がたえず素材上の富を資本に、すなわち資本家のための価値増殖手段と享楽手段に変容させる。他方、労働者はつねに、この過程に入り込んだときと同じ姿でこの過程から出てくる。富の人的源泉でありながら、この富を自分のために実現する手段をいっさい奪われて。この過程に入り込む前に彼自身の労働が彼自身から疎外され、資本家に取得され、資本に取り込まれているために、その労働はこの過程が続くあいだ、たえず疎遠な生産物の中に対象化される。（…）労働者自身が、客体としての富を資本として、すなわち彼には疎遠で、彼を支配し搾取する権力として、絶えまなく生産している。この富の源泉は、自らを対象化し実現する手段から切り離され、抽象的で、労働者のたんなる肉体性のなかにしか存在しないもの、要するに賃金労働者としての労働者にほかならない。労働者のこの絶えまない再生産と永続化こそが資本制生産の必要不可欠な条件なのである」（『資本論（第一巻下）』、今村仁司他訳、筑摩書房、２００５年、２９１〜２ページ）

音読して気がついたと思いますけれど、この引用の特徴は「過程」という名詞と「たえず」「絶えまなく」「絶えまない」という副詞が繰り返されていることです。たぶんそれがマルクスが一番言いたいことだったのだと思います。あるプロセスがすでに走り出していて、もう止まらない。

労働者はその労働を通じて富を創出しています。労働者こそが富の源泉です。でも、その労働者は自分が創出した富を奪われて、赤貧の状態におかれている。労働者が富を生産すればするほど、ますます収奪は過酷なものになり、彼らから収奪する者はますます強大になってゆく。そういう不可逆的な「過程」がすでに始まっていて、もう止まらなくなっている。

では、いつ、どこで、どうして、そのような不条理な過程が始まってしまったのか？　たしかに現状は「すでに」と「絶えず」で記述される通りですけれど、どんな事象にも「始まり」があるはずです。「すでに」の前があるはずです。停止していたものが動き出して「過程」になった瞬間があるはずです。マルクスはそれを探そうとします。それが「資本の原初的蓄積」です。

▽いまここにある労働者の身体について話したい

さきほど「原初的」というのは時間的な「前」ということだけでなく、「身体」のことだと書きました。僕がそう思ったのは、実はマルクスのこの「原初的蓄積」についての分析が時間的な先後関係についてはかなり非体系的だからです。

ものごとの先後、因果の関係をあきらかにしようとすると、ふつう人は通史的な記述法を採用します。日本史だったら、縄文時代から始めて、弥生時代、古墳時代……というふうに順序を追って話を進める。歴史的研究というのはそういうものですね。でも、マルクスは「資本の原初的蓄積」について書くと宣言しておきながら、経時的変化を順にたどるという書き方をしていない。

マルクスはまず彼がこの当のテクストを書いている１８５０～60年代のイギリスの話から始めるのです。同時代の労働者たちの身体がどういう状態にあるのかという話から始める。変でしょ？

でも、僕はそれがマルクスにとっての「原初的」ということの意味だったんじゃないかと思うんです。私はこれから歴史について話すのだが、私が歴史の話をするのは、いまここにある労働者の身体について話したいからだ。マルクスはそう言いたいように僕には思われます。

『資本論』というのはむずかしい理論書だと思って敬遠している人が多いと思いますけれど、実は違います。もちろん理論的な部分も多いのですけれど、実際に読んでみると、その半分近くは他人が書いた統計や報告書の引用なんです。その多くは当時の行政官や医師や社会活動家のレポートです。そして、マルクスが引用するのはほとんどすべてが労働者たちの身体にかかわるものなのです。具体的にいくつか拾ってみます。

「１８６３年６月初旬、デューズブリ（ヨークシャー）の治安判事のもとに告発状が届いた。それによるとバトリー近郊の八大工場の経営者が工場法に違反したという。これらの紳士たちの一部が告訴されたのは、彼らが12歳から15歳までの五人の少年を金曜日の朝６時から翌日土曜日の午後４時まで、食事時間および深夜**1時間の睡眠時間**以外にはまったく休憩を与えずに働きつづけさせたからだという。しかも少年たちは『くず穴』と呼ばれる洞窟のような場所で休憩なしに30時間労働をこなさねばならない。そこでは毛くずの除去作業がおこなわれるが、空中には埃や毛くずが充満し、成人の労働者でさえ肺を守るためにたえず口にハンカチを結びつけておかねばならない」（『資本論（第一巻上）』、３５４ページ、強調はマルクス）

これはマルクスの文章ではありません。ある工場視察官の報告書からの抜き書きです。「1時間の睡眠時間」というところを強調したのはたぶん引用したマルクスだと思いますけれど、これは読者に「34時間につき睡眠時間が1時間という労働をしている12歳の子ども」の身になってみてくれということだと思います。マルクスは多くの文献を引用しますけれど、それはどれも読者に「この人たちの身になってみる」というかたちでの「参加」を求めているように僕には思われます。

▽児童労働と女性労働の事例を取り上げる

もう一つ児童労働について。

「マッチ製造業は、その不衛生と不快さのためにきわめて評判が悪く、飢餓に瀕した寡婦《かふ》等、労働者階級でもっとも零落した層しかわが子を送り込まないようなところだった。送られてくるのは『ぼろをまとい飢え死にしかけた、まったく放擲《ほうてき》され教育を受けていない子供たち』である。ホワイト委員が聞き取りをおこなった証人のうち270人が18歳未満、40人が10歳未満、そのうちの10人はわずか8歳、5人はわずか6歳だった。労働日は12時間から14、5時間にわたり、夜勤、不規則な食事、しかもほとんどがリン毒に汚染された作業場内での食

事である」（同書、３６１ページ）

マッチ製造というのは軸に直接黄リンを塗り付ける方法が１８３１年に発明されてから一大事業となったものです。原料の黄リンは強い毒性を持つ化学物質で、製造中に黄リンを吸い込むと「リン中毒壊疽」になって下あごが壊死します。これはそういう時代の話です。そんな幼い時から、健康を害するリスクの高い重労働をさせられていて、はたして人は生き延びられるものだろうかとご心配になったでしょう。もちろん生き延びられません。

「マンチェスターの保健衛生官、ドクター・リーが確認したところによれば、この都市の有産階級の平均寿命は38歳であるが、労働者階級の平均寿命はわずか17歳である。リヴァプールでは前者が35歳、後者が15歳である」（『資本論第一巻下』、３９５ページ）

１８６６年の英国の大都市の労働者階級に生まれた者は、20歳を迎える前に疲れ果てて寿命が尽きるような人生を受け入れるしかなかったのです。ビートルズの４人はリヴァプールの労働者階級の出身でした。１９７０年に発表された「労働者階級の英雄」には、15歳で死期を迎える１００年前のリヴァプールの少年たちのうめき声が残響しているようにも僕には聴こえます。

もう一つは1863年のロンドンでの出来事です。宮廷用婦人服製造所に勤める20歳の女工メリー・アン・ウォークリーの死亡を伝える記事です。

「これらの少女たちは平均16時間半、**シーズン**にはしばしば30時間も休みなく働かされる。（…）それはちょうどシーズンの真っ盛りの出来事だった。外国から迎え入れたばかりのイギリス皇太子妃のもとで催される舞踏会のために、貴婦人たちの衣装を魔法使いさながらに瞬時に仕立てあげなければならなかった。メリー・アン・ウォークリーは他の60人の少女たちとともに26時間半休みなく働いた。30人ずつ、必要な空気量の3分の1も供給されない一部屋におしこまれ、夜は夜で二人ずつ一つのベッドに入れられる。しかもベッドがおかれているのは一つの寝室をさまざまな板壁で所せましと仕切った息の詰まる穴ぐらのような場所だった」（『資本論第一巻上』、373ページ、強調はマルクス）

死亡後、彼女は「過密な作業場での長時間労働と、あまりにも狭く、かつ通気性の悪い寝室のために死亡した」と医師は検死陪審で証言しました。この若い女性は、彼女とはまったく無縁なところで優雅な消費生活を送る貴婦人たちの身を飾る衣装を仕立てるために命を削ったのです。彼女が命と引き換えに創り出した富が「彼女とは疎遠で、彼女を支配し搾取する権力」として現れてくる。

それが「疎外された労働」ということです。マルクスが「疎外」という語に託したのは、文字通り労働者の身体を削り、命をすり減らすことによって富が生産されるという現実のことです。

▽「資本の原初的蓄積」という語の初出

どうしてこのような非人道的な労働環境が成り立つのか。資本家たちが全員強欲で不人情だったという属人的理由だけで説明を終わらせることはできません。資本主義は個人が発明したものではないからです。資本制生産様式は歴史的な構築物です。資本家も労働者も、気がついたらすでにその「過程」に巻き込まれていた。そして、資本家は収奪することを、労働者は収奪されることを制度的に強いられている。資本関係というのは「一方に資本家を、他方には賃金労働者を生産し、再生産」（『資本論第一巻下』、３０３ページ）する仕組みなのです。

では、この過程はいつ、どのように始まったのかというのがマルクスの「原初的」についての問いでした。まず手短に資本の蓄積について確認をしておきます。

資本の蓄積そのものはごく単純な仕組みです。ふつうに商売をする場合と同じです。マルクスの挙げた例をそのまま借ります。

ある人が紡績業を始めようと思いました。１万ポンドの手元資金があったので、80％を綿花と機械に投じ、20％を労働賃金に投じました。すると１２０００ポンドの価値をもつ糸が生産されて、投じた資本の20％に当たる2000ポンドの利益が上がった。この2000ポンドが剰余価値です。事業主は当然この2000ポンドを追加資本として次の生産過程に投じます。すると次はこの2000ポンドから、その20％、400ポンドの剰余価値が得られます。それをまた次の生産過程に投じると、400ポンドが80ポンドの剰余価値をもたらす。以下同様。こうやって、螺旋状に「資本が規模を拡大しながら再生産」されるプロセス、それが「資本の蓄積」と呼ばれるものです。簡単な仕組みですね。

問題はどうやってこのプロセスは起動したか、です。最初の1000ポンドは事業主がこつこつ貯めたのかも知れないし、親から遺贈されたのかも知れないし、拾ったのかも知れない。発生起源は不明です。そして、不明であっても別にさしつかえない。とにかく資本家はある時点で「他者の不払い労働によらないなんらかの原初的蓄積によって貨幣所有者になり、それによって労働力の買い手として市場に登場」（同書、289ページ）したのです。

この文が「原初的蓄積」という語の初出です。資本制生産過程が起動するためには、どこかで資本家の側に「資本の原初的蓄積」がなければならない。それはどのようにして蓄積されたのか。つまり、資本制生産過程に「最初のキック」を入れたのは何か？

▽マルクスは労働者の身体を筆写している

第24章「資本の原初的蓄積」でこの問いに取り組む前に、第23章に「資本制蓄積の一般法則」と題する長い頁を書いています。ここで興味深いのは、章題とはうらはらに、この章はその過半を一般法則についてではなく、都市労働者と農村労働者の個別的・具体的な住宅事情についての報告に割いていることです。プロレタリアートがどれほど劣悪な住環境で過酷な労働を強いられているか、それをこの章でマルクスは微に入り細を穿《うが》って報告するのです。

僕たちは「マルクスは大英図書館にこもって『資本論』を書いた」という一文から、マルクスが経済学の書物や統計資料を机に積み上げて、理論構築をしている様子を想像しがちですけれど、マルクスが『資本論』を書く時、最も時間を割いていて筆写していたのは、実は労働者たちの身体でした。彼らが何を食べ、どんな服を着て、どんな家に住み、そこはどれほど不潔で、どんな臭いが立ち込めていて、どれほど暑く、また寒かったのか、それが『資本論』には詳細に書き込んであります。

マルクスが『資本論』の読者として想定していたのは、それなりの教育を受けて、それなりの生活水準にある人たちだったと思います。マルクスの本を手に取るくらいですから、政治意識は高く、正義感も強く、社会改革の情熱も十分に持ち合わせていたでしょう。でも、そういう人たちにしてもプロレタリアートの現実を果たしてどれくらい知っていたか。だから、マルクスは彼の読者に向かって、プロレタリアートの身体に入り込んで、彼らが生きている世界を想像的に追体験して欲しい、そう懇請したのだと思います。想像的にではあれ、プロレタリアートの身体に一度入り込んでみたら、この世界がどれほど間違ったものであるかは理屈抜きで自明であるはずだ。「疎外」とか「収奪」という語が概念ではなくて、身体的な飢えや痛みとして実感されるものであることがわかるはずだ。マルクスはそう言いたかったのではないかと思います。

ふつう、マルクスの『資本論』を解釈する本では、この「ドキュメント」の部分はほぼ無視されます。当然ですよね。他人の書いたものを引き写しているだけなんですから。でも、マルクスはこの「ドキュメント」部分を飛ばさずに、細部まできっちりと読むことを読者に強く要請していたと思います。それを読めば、「疎外」や「収奪」が頭の中でこしらえた概念ではなく、手で触れることのできる、ありありとした現実だということが自ずからわかるはずだから。

その点についてマルクスは他の学者たち、アダム・スミスやリカードやベンサムやミルに対して自分にはアドバンテージがあると思っていたんじゃないでしょうか。マルクスは飢餓を知っていたし、ロンドンの貧民街がどれほど不潔か身を以て知っていたから。「紳士たち」はそれを知りません。『資本論』におけるマルクスの経済学批判の原点はそこにあると思います。「紳士たち」は数字を見ている。自分は現実を見ている。

マルクスは「第二版のあとがき」で『資本論』についての好意的な書評をいくつか紹介していますが、そこでマルクスが選択的に引用しているのは、『資本論』はリアルな書物であるという評言です。

「あまりに専門的すぎるわずかな箇所を除けば、その叙述はわかりやすさと明瞭さの点できわだっており、また対象の科学的水準の高さにもかかわらず、まれにみる躍動感を備えている」（『資本論第一巻上』、19ページ）

「経済学批判にたずさわった彼の前任者のだれよりも、マルクスははるかにリアリストである」（同書、20ページ、強調は内田）

「マルクスは社会の運動を一つの自然史的プロセスとして観察する。このプロセスを支配している法則は人間の意志、意識、意図から独立しているだけではない。逆にそれが人間の意志、意識、意図を決定しているのである。（…）意識的要素が文化史のなかでこれほど従属的な役割しか演じていないとなると、文化そのものを対象とする批判が、意識のいかなる形態や産物にも立脚できないことは自明である。とすれば、その批判の出発点となりうるのは理念ではなく、外的現象だけだということになる」（同書、21〜22ページ、強調は内田）

マルクスはこの書評を「私が現に採用している方法だと考えているものを実に的確に説明している」(同書、23ページ)としています。批判は理念ではなく外的現象から出発しなければならない。「理念的なものは人間の頭の中に転移され、翻訳された物質的なるものにほかならない」(同書、23頁、強調は内田)。

それは『資本論』に即して言えば、マルクスが引き出す「理念」や「法則」を理解するためには、なによりもまずプロレタリアートの現実、彼らの物質生活を知らなければならないということです。

マルクスが引いている具体的な事例を続けます。次はニューカッスルの医師エンブルトンの報告から。

「チフスの持続と蔓延の原因は、疑う余地なく、人間の過度の密集と住居の不潔さにある。労働者がよく住んでいる家は、閉ざされた袋小路や裏庭にある。日照、通気、広さ、清潔さのいずれをとっても、それらはまさに欠陥と不健康の真の見本とでもいうべきものであり、あらゆる文明国にとっての恥辱である。夜は男女と子供がともに雑魚寝をする。(…)家は給水の便が悪い。便所はさらに悪く、不潔で、換気装置がなく、疫病の原因となりやすい」(『資本論第一巻下』、424ページ)

ブラッドフォードの救貧医の報告から。

「ヴィンセント街、グリーン・エア・プレースとリーズには223戸の家があり、そこには1450人の居住者、435のベッド、36カ所の便所がある。（…）ベッド、といってもそれは汚いぼろ布をロール状にしたものか、一かたまりのカンナ屑にすぎないのだが、そうしたベッド一つに平均3・3人、往々にして4人から6人が寝る。ベッドがなく衣服を着たまま裸の床に寝るものも多い。若い男であろうが女であろうが、既婚者であろうが未婚者であろうが、全員がごちゃまぜである。こうした住居はたいていは暗く、じめじめしており、不潔で悪臭を放つ穴倉である、人間らしい住まいにはまったく不適格であることを付け加える必要があるだろうか」（同書、426ページ）

▽農業労働者について最も詳しく描写している

都市労働者に続いて、マルクスは鉄道敷設、鉱山労働者などの移動労働者、救貧院にすがる者たち、そして最後に、一番長い紙数を割いて農業労働者の生活についての報告を引用しています。それは「資本制生産および蓄積の**敵対的**性格がもっとも**残忍な形で**実証されたのは、**イギリス農業**（牧畜を含む）**の進歩とイギリス農業労働者の退歩**において」（同書、441ページ、強調はマルクス）だからです。

イギリスの農村ではいったい何が起きたのか。大土地を所有する地主は自分の土地については人口削減を心がけます。救貧税を逃れるためです。でも、農作業のための人手は要る。そこで農業労働者は隣接する「開放村落」に追いやられて、そこから「通勤」することを強いられます。「隣」と言っても、それは「労働者が毎日重労働をおこなわなければならない借地農場から3マイルも4マイルも離れている場合もある」（同書、457ページ）。

「開放村落」には地主が狭い土地にバラックを建てます。それは、「開けた田園に通じていながら、最低の都市住宅がもつ最悪の特徴をそなえた惨めな住居」（同書、457ページ）です。

「労働者とその家族には厩舎を一つあてがっておけば十分だと思っている地主がいる。しかもその家賃からできるだけ多くの利益を上げようとすることを、彼らは恥だと思っていない。その住まいには寝室が一つしかなく、暖炉も便所も開閉できる窓もなく、排水溝以外には給水設備もなく、庭もないような壊れかけの小屋であるかもしれない」（同書、458ページ）

バラックの家主はしばしば村落の酒屋や雑貨屋の主人を兼ねていました。その場合、「労働者は同時に彼らの顧客にならねばならない」（同書、４６０ページ）。家賃を払った後に残った金で、労働者は家主から小麦粉や茶や砂糖や石鹸を言い値で買わなければならないということです。

マルクスの住環境についてのメモの中でも印象的だったものを最後に引用しておきます。

「借地は家から遠く、家には便所が付いていない。家族は自分たちの汚物を捨てるためにその畑に行くか、そうでなければ（…）棚の引き出しにそれをためておかねばならない。引き出しした一杯になればそれを抜き出して、その中身が必要とされている場所へもっていって空にする」（同書、４６７ページ）

農業労働者はある時期から、彼らが属していた農地から「遊離」されて、マルクスが「**イギリス農業プロレタリアートの『流刑地』**」（同書、４６０ページ、強調はマルクス）と呼んだ開放村落に集住することを強いられました。

農村労働者の没落は急激かつ徹底的に進行しました。

「ロジャーズ教授の達した結論によれば、イギリスの今日の農村労働者は、14世紀後半と15世紀の先人たちに比べればいうにおよばず、１７７０―１７８０年の先人たちと比べてさえも、その状況は極度に悪化しているという。『彼らは再び農奴になった』、しかも食事も住居も劣悪な農奴となったと教授は言う」（同書、449ページ）

ある研究者は、18世紀の間に、労働者の賃金が5倍になる間に穀物は7倍、肉類は15倍に達したと指摘しています。「かつての生活費と比べるとその半分にすら達しない。（…）その結果は、遅かれ早かれ、全王国がジェントルマンと乞食から、貴族と奴隷からなる、ということになるだろう」（同書、442〜3ページ）。

農村労働者の没落は農業の近代化によって引き起こされました。大規模な灌漑《かんがい》施設の造成、蒸気機関の導入、化学肥料の使用、集約農業への転換などが近代化の特徴です。もちろん、近代化によって土地の生産性は劇的に向上します。そして、生産性が上がれば労働者の数は減少します。農地への投資が増え、農業生産が増大し、資本家の富が膨張するにつれて、農業労働者の絶対数は減少し、その生活水準は劣化してゆきます。

▽農地の生産性が上がったのに農業労働者が貧しくなった理由

でも、どうして農地の生産性が上がると農業労働者は貧しくなるのか？　なんだか変な気がしませんか？　マルクスはこの不条理なプロセスのうちに資本の原初的蓄積の手がかりを見出します。

鍵になるのは人口の動きです。農業労働量が一定で、労働者の数だけが増減する場合は労働者が増えれば賃金は下がり、減れば上がります。理屈では、そうなりますね。逆に、労働者の人数が一定で、作業量が増減する場合は、作業量が増えれば賃金は上がり、作業量が減れば賃金は下がる。これも当然そうなるはずですね。

でも、この「理屈では当然」のことが起きなかった。仕事があるところでは人数が足りず、仕事のないところに人が集まるということが起きた。起きたというよりは、そのような人口の偏りが人為的に操作された。この人為的に創り出された人口の偏りが資本の原初的蓄積を生み出します。

少しややこしい話になるので、資本家になったつもりで考えてみてください。資本家としては「労働者には、できるだけ安い賃金で、できるだけ多くの作業をさせる」ことで利益は最大化します。どうすればそんな「うまい話」が実現するか考えてみてください。むずかしいことではありません。仕事をしている労働者に向かって「もっと安い賃金で、もっと長い時間働け」と命じることができるために、資本家はこういう殺し文句を用意しておけばよろしい。それは「お前の替えなんか、いくらでもいるんだ。お前よりもっと安い賃金で働きたいというやつがいくらもいる」という言葉です。「もっと安い賃金で、もっと劣悪な雇用条件でも働きたがっている人間が余っている」という状況を人為的に作り出すことができれば、労働者をいくらでも安くこき使うことができます。

それが農村労働者たちを彼らの土地から引き剥がして、外へ追い出した理由です。農地には最低限の労働者しか残さない。賃金を払う相手をできるだけ少なくするためです。そして、隣接する「流刑地」には難民キャンプのように無業の人間がひしめくようにする。そういう人口の不均衡を作り出すと、労働者の収奪はもっとも効率よく進行するからです。なにしろ「どんな条件でもいいから働かせてくれ」という無為の失業者たちがそばにいくらでもいるんですから。それを脅し文句に使えば、就業している労働者たちの雇用条件を限りなく引き下げることができる。また、熟練した労働者でなければできない仕事だと「いくらでもお前の替えはいるんだ」という脅しが効きません。だから、未熟練な子どもでも女性でもできるように作業内容を「近代化」してゆく。

つまり、資本の原初的蓄積のために行われたのは人口の不均衡を創り出すことだったのです。この操作そのものは何も価値を生み出していません。だって、何も生産していないんですから。ただ、「お前たちはあっちへ行け、お前たちはこっちに来い」という仕分けをしただけです。でも、これが資本の錬金術のように働いて、なかったはずの価値が生まれた。

▽日本の「新卒一括採用」と同じ事である

読んでいてお気づきになったでしょうけれど、これはいまの日本社会で行われていることそのままですね。「新卒一括採用」というのは、求職活動時間を限定することによって、人為的に「過剰人口」を創り出すことです。そうやって求人に対して求職者が圧倒的に多いという雇用環境を創り出す。だから、なかなか内定がとれない。何社も採用試験に落ち続ける。そうすると就活生はしだいに自己評価が下がります。ついには「どんなひどい条件でもいいから働かせてくれればいい」とすがりつく……いうことになる。こうすれば、雇う側は限りなく劣悪な雇用条件で人を雇い入れることができる。

これが新卒でなくてもいい、4月入社でなくてもいい、上場企業でなくてもいい、都市でなくてもいい、というのが就活の基本になると求職者の「過剰人口」を創り出すことができません。そうなると、「いくらでも替えはいるんだ」という脅しが使えなくなる。当然、賃金は上がり、雇用条件はよくなります。それだと、企業の側はうまみがなくなる。だから、企業は新卒一括採用に固執する。

実際には、地方はどこも人手不足ですから、求人も多種多様なものがあるのですけれども、就職情報を独占している大手はこれを学生たちには伝えることにはきわめて不熱心です。学生たちがそれぞれの思いに従って地方に散らばってしまっては、「過剰人口」が創り出せなくなるからです。「新卒一括採用」は19世紀イギリスには存在しない制度ですけれども、人為的に「人口の偏り」を創り出すというアイディアそのものは変わっていないのです。

▽世界のすべての資本主義国に共通する現象

非正規雇用がいまの日本では40％に達しています。どこの職場でも人件費カットが進み、前より少ない労働者数で同じ仕事を行うことが当たり前のように「合理化」とか「生産性の向上」と呼ばれています。名前はそれらしいですけれども、これも中味は19世紀のイギリスで行われていた雇用シフトと同じものです。同一の作業量をできるだけ少ない労働者で行わせるというだけのことなんですから。

「資本家は誰でも、一定の労働量をできるだけ少数の労働者数から搾り出すことに絶対的な利害関心をもって（いる）」（同書、386ページ、強調は内田）

その通りです。それゆえ、「資本家は非熟練労働者によって熟練労働者を、未成熟労働者によって成熟労働者を、女性労働者によって男性労働者を、若年・幼年労働者によって成人労働者を徐々に追い出し、それによって**同じ資本価値でより多くの労働力を買うようになる**」（同書、386〜7ページ、強調はマルクス）。

日本でも職場やバイト先で現に起きていることですから、みなさんにもわかりますよね。働く人の数がだんだん減らされて、その分仕事が増える。にもかかわらず給料は上がらない。それは、仕事を失った人間たち、労働したいけれどできないという労働者「予備軍」が雇用条件を下げる圧力になるからです。職を守りたいと思えば、就業労働者はこれまでより多くの労働をこれまでより悪い条件で引き受けるしかない。

「労働者階級のうちの就業者部分がおこなっている過剰労働は、彼らの予備軍の隊列を膨張させる。他方、逆に、その予備軍は彼らの間の競争によって就業者部分により強い圧力を加え、それによって就業者部分を過剰労働に駆りたて、資本の命令に屈服するように強いる。労働者階級の一部が、他の一部の過剰労働によって強制的に無為を課せられ、またその逆も行われているということは、個々の資本家を富裕化させる手段となる」（同書、３８７ページ、強調は内田）

マルクスがここで書いていることは、程度の差はあれ、全世界のすべての資本主義社会でいまも起きていることです。ある場所における「労働人口の過剰」と、別の場所における「労働人口の不足」が同時的に起きること、これが資本の原初的蓄積の一つの重要な起点です。これ自体はただの人口の偏りであって、いかなる意味でも生産ではありません。まだいかなる剰余価値も発生していない。にもかかわらず、この操作によって資本家が労働者の創り出す価値を搾取できる資本制生産過程が起動します。

さしあたりはまだ労働者の収奪をまだ始めていない人間が、労働力の買い手として市場に登場したとき、彼は資本家となります。それが「資本の原初的蓄積」という場面の構造です。彼が「市場に登場」できたきっかけが、たまたま手元にあった貨幣だったのか、なんらかの理由で手に入れた土地の名目上の所有権だったのか、あるいは剥き出しの暴力だったのか、それはどうでもよいのです。労働力を売る以外に生きる術がないプロレタリアートが出現した日が、資本家と資本制生産様式の誕生日だったということです。

「こうして労働者は、いったいなぜ、自分たちがより多く働き、より多くの他者の富を生産し、みずからの労働生産力が向上するにつれて、資本の増殖手段としてのおのれの機能までが自分たちにとってますます不安定なものになっていくのかという秘密に思いいたる。そして彼らは彼ら自身のあいだでおこなわれている競争の強度が、徹頭徹尾、相対的な過剰人口の圧力によるものであることを発見する」（同書、393ページ、強調は内田）

マルクスが発見したのは、資本の蓄積は窮乏の蓄積と同時的に生起するということでした。創り出された貧困が富を生み出す。

「一方の極における富の蓄積は、同時にその対極、すなわち自分自身の生産物を資本として生産している階級の側における窮乏、労働苦、奴隷状態、無知、残忍化と道徳的退廃の蓄積である」
（同書、４００ページ）

３、資本主義はこうやって生成された

マルクスが資本制生産過程をどういうものととらえていたのかについての予備的な説明はこれで十分でしょう。この先から話はぐっと具体的になります。どのようにしてイギリスの農村に「過剰人口」が生み出され、「窮乏の蓄積」が始まったのか。マルクスはその歴史的経緯をここで明らかにします。

資本制生産過程が起動する条件は、一方に資本家が、他方に労働力以外に売るものを持たない者がいることです。

「資本関係を生み出すこのプロセスはしたがって、労働者が自分の労働条件の所有から切り離

されていくこと以外のなにものも意味しない」（同書、503ページ）

「いわゆる**原初的資本蓄積**とは、**生産者と生産手段の歴史的な分離過程**以外のなにものでもない。それが『原初的』と見えるのは、資本および資本に即した生産様式の**前史**をかたちづくっているからである」（同書、503ページ、強調はマルクス）

ここまで見て来た通り、「原初的資本蓄積」というのは、いわば資本制生産が始まる前に、その「舞台装置」を仕込むことでした。「生産者と生産手段の歴史的分離」がそれです。具体的には、農民を彼らの土地から引き剥がすことでした。

「原初的資本蓄積の歴史において画期的であったのは、（…）大量の人間が自分たちの自給自足の手段から突然かつ暴力的に追い払われ、まったく法の保護の外のプロレタリアとして、労働市場に放り出されることになったさまざまな動きである。**農村の生産者である農民たちから土地が奪われたこと**が、全プロセスの基礎にある」（同書、505ページ、強調はマルクス）

いったい、どのような経緯でイギリスの農民たちはその土地を奪われることになったのか。それが「コモン」の喪失です。

▽「コモン」がなくなっていった理由

中世の終わり頃のイギリスの農民たちはだいたいが自営農で自分たちの耕地を所有していました。それだけではなく、彼らは「村の共有地の入会権《いりあい》」を所有しておりました。この共有地が「コモン（common）」です。

コモンで農民たちは家畜を放牧したり、薪を採ったり、果実を摘んだり、魚を釣ったりすることができました。「彼らは自分たちが耕す土地の農産物、そして共同の土地に放っている羊、禽類、豚などで食べていけるので、食料品を買う必要はほとんどない」（『資本論（第一巻下）』、５２０ページ）という豊かさを享受していたのです。

公共財が豊かである共同体では、貧富の格差はなかなか生まれません。貧しい者は公共財の分配に与ることで、私財の不足を補うことができるからです。富者や教会からの慈善に頼ることなしに、「私たちの財産」の一部を受け取ることができた。

しかし、村民全員に少しずつ多様な豊かさを分配する原資であったコモンは当然ながら生産性の低い土地でした。商業作物のモノカルチャーのようなものはコモンには許されませんでした。当然です。誰もコモンを資本だとはみなしていなかったからです。誰もコモンで「金儲け」をしようと思わなかった。

でも、資本主義は「みんなの土地」を遊ばせておくほど気長ではありません。引き出せるところから引き出せる限りの富を引き出すことは資本主義の義務です。16世紀の主要産業は紡織でした。そこでコモンから村人たちを追い出して、そこは牧羊地に転換しようと思いつく人たちが出てきました。牧羊は広大な土地にわずかな羊飼いを置くだけで済みますから、農業より生産性が高い。コモンを私有地化すれば、大きな富をそこから引き出すことができる。ですから、問題はどういう大義名分を立てれば、村人たちをコモンから追い出して、そこを誰かの私有地にできるかということになります。

▽「囲い込み」はどのように行われたのか

このコモンの私有地化のことを「囲い込み（enclosure）」と呼びます。高校の世界史の授業で習ったことがあると思います。村人が誰でも利用できるように、コモンには「囲い」がありませんでした。その開放的な土地の周りに「囲い」を作って、「立ち入り禁止」にしたのが「囲い込み」です。要するに、コモンの私有地化のことです。それが16世紀から19世紀にわたって、イギリス全土で、徹底的に行われました。

実にさまざまな口実の下に「囲い込み」は行われました。一つは宗教改革です。宗教改革以前のイギリスでは、カトリック教会が大地主として多くの領地を所有しており、その教会領には古くから自営農が暮らしていました。もちろん広々としたコモンもありました。でも、宗教改革で教会所領が没収されました。土地は売りに出され、金持ちが安値でこの教会領を買い取りました。新しい地主たちは、何百年も前からカトリック教会との約束で領地に暮らしていた農民たちに契約無効を宣言して、追放しました。

この第一次囲い込みはかなり暴力的なプロセスでした。ですから、為政者たちは農村の荒廃を恐れて、さまざまな法的措置によって、コモンの私有化を阻止して、農村を守ろうとしました。例えば、トーマス・モアは軍事的視点から、強い歩兵を構成するのは「自由で、ある程度豊かな人々」であり、国民の多くが労働奴隷であるようでは、強い軍隊を保持できないとして、農民の保護を訴えています。法律や王権が資本家に抗って農民を守ろうとした時代があったのです。でも、それも長くは続きませんでした。18世紀になると、法律は農民を守る役割を放棄しました。土地所有者であるブルジョワたちが多数派を制した議会では、むしろ「村の共有地のシステマティックな窃盗」を合法化するような法律が制定されたのです。

ブルジョワたちだけではありません。封建的な土地所有者も囲い込みの主導者でした。マルクスが挙げているのはスコットランドのサザーランド公女の例です。彼女は権力の座に着くや、公国の全土を牧羊地に変えることにしました。そして３０００家族、１万５０００人の公国民は「駆除」

されました。村は焼かれ、畑はすべて牧羊地となりました。公女は氏族全体の共有地の名目上の代表者に過ぎなかったのですが、それを私的所有権に読み換えてしまったのです。

「こうしてこの貴婦人は、大昔から氏族全体のものであった**79万4000エーカーの土地**を自分のものにしたのである」（同書、525ページ、強調はマルクス）

追い出された公国民には海岸沿いの6000エーカーの土地が貸与されました。公国の土地は29の放牧地に分割され、放牧地ごとにイングランドから一家族が移住してきました。3000家族が暮らしていた土地に29家族が住むようになったわけです。単純計算で放牧地の人口は農村人口の100分の1になりました。その一方で、かつて80万エーカーの土地に散在していた人たちが6000エーカーの土地に押し込められた。ある地域における人口減少と、別の地域における人口過剰が同時に起きた。これが典型的な「囲い込み」です。

かつては自分の耕地とコモンからの生産物を食していれば、食料品を買う必要さえなかった人たちが、労働力を売って得た貨幣で、市場で食料を調達しなければならない身分に転落しました。

「教会領の奪取、国有地の詐欺的譲りうけ、共有地の窃盗、封建所有地もしくは氏族所有地のなりふりかまわぬテロリズムによってなされた、近代的私的所有地への略奪的変更」（同書、531ページ）によって「いわゆる原初的資本蓄積」は完遂されました。共有地は私有地となり、農民は家と耕地を失い、「都市の産業に必要な、法の保護外のプロレタリアート」（同書、５３１ページ）へと転生していった。

▽流民化した農民のこともマルクスは描いている

とはいえ、プロレタリアートがすぐに都市の賃労働者になったわけではありません。時間はもう少しゆっくり流れます。16世紀の「囲い込み」で土地を失った農民たちはしばしば流民化しました。彼らの運命は資本制生産過程の分析にとってはほとんど無関係なのですが、マルクスは彼らのために一節を割いています。おそらくマルクスは「ノマド」という生き方に対して権力がどれほど苛烈にふるまうか、それを記録しておきたかったのでしょう。

流民化した農民の一部は乞食、野盗、無宿者になりました。ヘンリー八世の治世の法律では、無宿は鞭打ちのあと、本来の土地に戻って正業に就くことを命じられてから放免されます。二度目に捕まった場合は、鞭打ちの後、耳半分が切り落とされます。三回捕まったら死刑。エドワード六世の治世の法律では、浮浪者を告発した者はその浮浪者を奴隷とすることができます。二週間逃亡した奴隷は終身奴隷として額か頬にSの字を烙印。逃亡が三度に及んだ場合は死刑。エリザベス一世の治世では、乞食証明書を持たない浮浪者は鞭打ち。この者を雇用するという申し出がなければ耳に烙印。再犯の場合、雇用主がいなければ死刑。

「こうして土地を暴力的に奪取され、追われ、浮浪人にされてしまった田舎の住民たちは、**グロテスクなテロ的法律**によって、鞭打たれ、烙印を押され、拷問され、賃労働のシステムに必要な規律にあうように調教されていったのである」（同書、536ページ、強調はマルクス）

「権力」のスキームに回収されない身体は近代的生産過程に適合するように暴力的に矯正される。そのことを、マルクスはミシェル・フーコーの『監獄の誕生』に100年先んじて指摘しています。

▽「資本制私的所有の終わりを告げる鐘」は鳴るか

「資本の原初的蓄積」は資本制生産様式分析の鍵となる概念なのですけれども、実はマルクスもこの術語をかなり広い意味で使っています。植民地の開発も、原住民の殺戮と奴隷化も東インド会社も、国債も、租税制度も、保護貿易も……資本主義の「前史」に登場したものはすべて「資本の原初的蓄積」のファイルに綴じ込まれます。

「**多数の民衆の土地**、そして**生活手段と労働手段の収奪**、**民衆**に対するこの恐るべきかつ困難

> な**収奪**こそは、資本の前史なのである。この**収奪**はさまざまな暴力的方法を含んでいるが、今はそのなかのエポックメイキングなものだけを、**資本の原初的蓄積**の方法としてひととおり見てきた」（同書、573ページ、強調はマルクス）

中世から19世紀に及ぶこの長い時間の中で起きた多くのできごとをまとめてマルクスは「原初的」と名づけました。時間の幅が広すぎるし、起きている出来事もあまりに多様ですので、これらを「原初的」という一つの形容詞で済ませてしまうことが適切かどうか、僕には判断できません。でも、そこで起きたすべての出来事が民衆からの「収奪」というただ一つの目的に向かうものであったことは確かです。

いずれ原初的なプロセスが完了したあとには「あらたな変貌」を遂げて、次のプロセスが始まることをマルクスは予言します。資本主義の終焉に向かうプロセスです。「原初的」の次はいきなり「末期的」です。

このプロセスでは資本家自身が収奪の対象になります。一人の資本家が存在するために多くの資本家が虐殺される。より高い生産性、より大きな利益、より巨大な暴力を持つ者のところに排他的に資本が集中する。

「巨大資本家はこうしてその数を減らしながら、この変容過程がもたらすいっさいの利益を奪い取り、独占していくのだが、それとともに巨大な貧困が、抑圧が、そして隷従と堕落と搾取が激しくなる」（同書、574ページ）

世界の富がある極に排他的に蓄積し、世界の悲惨もまた他の極に集中し、世界が完全に二極化したときに「**資本制的私的所有の終わりを告げる鐘が鳴る**」（同書、574ページ、強調はマルクス）。『共産党宣言』で予告したように、そのときに「ブルジョワジーの没落とプロレタリアートの勝利」の日が訪れる。マルクスは未来をそう予測しています。

さて、この予測は当たったでしょうか。残念ながら、僕の見るところ、「原初的」な資本蓄積はいまもまだ継続しているようです。労働人口の不足と過剰が同時に起き、富の二極化がさらに進行している現実を見る限り、「原初的」段階はまだ終わってはいないように思われます。

いま世界で最も富裕な8人が持つ富は、貧しい36億人の私財の総計と同額だそうです。世界の富がある極に蓄積し、世界の悲惨が反対の極に集中する二極化過程は相変わらず進行中です。

果たしてこのあとに「資本制私的所有の終わりを告げる鐘」が鳴るとして、それはいつ、どんな音を響かせて鳴るのか、僕にはうまく想像がつきません。いずれにせよ、僕や石川先生はもういい年なので、たぶんその日に立ち会うことはできないでしょう。けれども、いまこの本を読んでいる読者たちの中には、「鐘」の音を聴く機会に遭遇する人がいるかも知れません。

Ⅲ

石川康宏第２書簡（2022年６月27日）

「未来社会」はどう描かれているか

内田先生、こんにちは。昨年3月にはお手紙をいただいていたのに、ずいぶん返信が遅くなってしまいました。その後、夏には兵庫県の知事選挙があり、秋には衆議院選挙があり、気がつけばこの3月には定年退職ということで、研究室の本の引っ越しや事務手続きにずいぶん手を取られてしまいました。

『若マル』の原稿（書簡）を内田先生にお届けするのも、いよいよこれが最後です。出版を決めた2008年から、足かけ14年。18歳の大学1年生が、まだ保育園や幼稚園にかよっていたころからですから、本当に長くつづいたものですね。ぼくの大学在職期間は27年でしたが、その半分以上に渡るおつきあいでした。

そういえば、編集者の松竹さんから2020年度の中国語版『若マルⅠ』の販売部数が5万部に近いというお知らせがありましたね。人口が日本の10倍以上とはいえ、それでも結構な数が出ています。どういう人が、どういう関心をもって読んでくれているのでしょう。「台湾有事」をめぐるきな臭い関係もありますが、ぼくたちがよりましな日本社会をめざしているのと同じく、よりましな中国社会を目指している方たちが読んでくれているのであれば嬉しいのですが。

1、マルクスの恐慌論、革命論の発展

▽『資本論』に追加された労働者の生きた姿

さて内田先生は、『資本論』第1部の第23章「資本主義的蓄積の一般的法則」と第24章「いわゆる本源的蓄積」に焦点を当てられました。そこに含まれた労働者の状態についての生き生きとした描写を、特に第24章の「本源的」（訳語によっては「原初的」）が、労働者の「身体」を意味するのではないか、あるいは少なくとも「身体」に深くかかわるものとして語られているのではないかという大胆な問題提起も含まれました。

この「身体」の話を読んで思い浮かんだのは、『若マル』番外編『マルクスの心を聴く旅』に収められた、イギリスへの旅の中での内田先生の言葉でした。マンチェスターの「科学産業博物館」に足をはこび、産業革命当時の紡績機械などを見たあとで、内田先生は、あそこに並んだ機械は「凶悪な顔つき」をしていると言われました。それが機械打ち壊しを促進しただろうと。機械の経済的・社会的な機能についてではなく、当時の労働者の五感に、それがどう受け止められたのか――いやそれも社会的機能の一つでしょうか――ということを想像したもので、今回の手紙のとらえ方もそこに通じるものかと思いました。

じつは、マルクスが『資本論』に、労働者の生活や闘いの様子をあんなにリアルに書き込むようになったのは第1部の完成稿がはじめてで、それまでの草稿にはほとんど入っていませんでした。前の手紙でもふれましたが、マルクスの『資本論』の構想は、１８６４年に始まったインタナショナル（国際労働者協会）での実際的な活動と、1865年の第2部第1草稿での恐慌の運動論にかんする発見によって大きく転換しています。実は、その転換の中身の一つが『資本論』に「賃労働」論を組み入れるというものだったのです。

その前のマルクスは、『資本論』はあくまで「資本」の論で、「賃労働」の論については別の本に書くという計画をもっていました。経済学理論の全体を、資本・土地所有・賃労働・国家・国際貿易・世界市場という6部の編成で構想していたのです（これを説明した最初の文章である『経済学批判』への「序説」では、土地所有と賃労働の順番が入れ代わっていましたが）。このプランは完成稿の2年前に書いた『資本論』第一部の初稿でも維持されており、例えば、そこに、いまでいう第6篇「労賃」は一行も書かれていませんでした。それが、内田先生も大いに注目されたように、完成稿では生きた労働者の姿がそこここに書き込まれるように変わったわけです。その間に『経済学批判』（1857年）での読者への公約でもあった経済学批判の6部編成の構想が、大きく変っていったのですね。

▽恐慌は資本主義の末期現象、革命は恐慌につづいて

この転換の理論的な基礎となったのは恐慌論の深まりでしたが、それは「恐慌＝革命」論に代わる新しい革命論の探求をともなうものになりました。それまでのマルクスは長く、恐慌を資本主義の末期症状の現れととらえていましたが、第2部第1草稿の中で、恐慌は確立した資本主義にとっ

ての日常的な景気循環の一局面にすぎず、そ資本主義はそうした景気循環を当たり前の日常として運動しているものだという理解に変わったのです。

少しふり返っておくと、たとえば『若マル』第１巻で取り上げた『共産党宣言』（１８４８年）での恐慌のとらえ方はこんな具合でした。

この「数十年来」の「工業および商業の歴史は」「近代的な生産諸関係」や「所有諸関係にたいして、近代的生産諸力が反逆した歴史にほかならな」ず、「それには、周期的に反復してブルジョア社会全体の存立を疑わせるようにますますおびやかしている商業諸恐慌をあげるだけで十分である」。「商業諸恐慌においては…すでにつくりだされた生産諸力さえも、その大部分が規則的に破壊される」。

この直前の文章でマルクスは、ブルジョア社会（『共産党宣言』の段階にはまだ「資本主義社会」という用語はありませんでした）に先行した封建制社会の崩壊についてこう述べています。

「一言で言えば封建的所有諸関係は、すでに発達した生産諸力にもはや照応しなくなった。それらの諸関係は、生産を促進する代わりに阻害した。それらはちょうどその数だけの足かせに変わった。それらは爆破されねばならなかったし、爆破された」「われわれの目の前で、これに似た一つの運動が進行している」「近代ブルジョア社会は、自分が魔法で呼びだした地下の魔力をもはや制御することができなくなった魔法使いに似ている」（『共産党宣言／共産主義

の原理』新日本出版社、57〜58ページ）

つまり先の文章で「周期的に反復してブルジョア社会の存立を疑わせる」とされた恐慌は、資本主義がもはやその下で発達した生産力に照応しなくなった、あるいはそれを制御することができなくなった、もはや爆破されるしかない段階に達したことを象徴するものだという位置づけなのです。もちろんマルクスは社会の変革が経済の破綻によって自動的に進むとする経済決定論や自動崩壊論の立場には立ちませんから、この後にプロレタリアート（労働者階級）の闘争の発展や課題を述べてはいますが。

▽多数者革命への革命論の転換

あわせてマルクスは、未来社会の実現に向けた革命運動は恐慌をきっかけに起こるとも考えていました。１８４８年の革命につづく「新しい革命は新しい恐慌につづいてのみ起こりうる。しかし革命はまた、恐慌が確実であるように確実である」（『マルクス＝エンゲルス全集』第7巻、４５０ページ）といった具合です

ですが、その10年後の１８５７年に「新しい恐慌」が起こった時、革命運動の新しい高揚は起こりませんでした。恐慌の発生に当初は期待と喜びを隠せなかったマルクスとエンゲルスのやりとり

も、時間の経過とともに落ち着きます。特徴的なのは、この頃のふたりの手紙に労働者の様子が紹介されたのは、エンゲルスがいらだつように書いた、次の文章くらいしかないということです。

「プロレタリアートのあいだでの苦難も始まっている。さしあたり、まだ革命的なところはあまり見られない。長い繁栄のためにひどく士気が衰えているのだ。路上の失業者は、これまでのところまだ物乞いをしながら、ぶらぶらしている」（１８５７年12月17日、『マルクス＝エンゲルス全集』第29巻、１８６ページ）

こうして１８５７年の革命は不発に終わり、マルクスには革命の勃発に関する新たな探求が求められることになりました。このあたりの事情については、エンゲルスが亡くなる１８９５年に、過去をふりかえってまとめた文章があります。マルクスの『フランスにおける階級闘争』１８９５年版に添えた序文です。関連部分を要約しておきますね。

①１８４８年革命の敗北の後、われわれは「新しい世界経済恐慌が勃発するまでは、なにごとも期待できない」と表明した。そのために裏切り者と呼ばれることもあったが、しかし、われわれをそう呼んだ者だけでなく「歴史はわれわれの考えをもまた誤りとし、当時のわれわれの見解が一つの幻想であったことを暴露した」。

②「歴史は、大陸における経済発達の水準が、当時まだとうてい資本主義的生産を廃止しうるほどには成熟していなかったことを明白にした。歴史は、これを1848年いらい全大陸をまきこんだ経済革命によって証明した」。「経済革命」すなわち「産業革命」は「ほんとうのブルジョアジーとほんとうの大工業プロレタリアートを生みだし、彼らを社会発達の全面へ押し出し」、両者の階級闘争を本格的に開始させるものとなった。

③さらに1866年以降、ドイツの労働者が「普通選挙権を賢明に利用し」、これを「欺瞞の手段」から「解放の道具に転化させた」という新しい経験も生みだされた。

④そして「無自覚な大衆の先頭にたった自覚した少数者が遂行した革命の時代は過ぎ去った」との結論に達する。「社会組織の完全な改造ということになれば、大衆自身がそれに参加し、彼ら自身が、なにが問題になっているのか、なんのために彼らは〈肉体と生命をささげて〉行動するのかを、すでに理解していなければならない」「大衆がなにをなすべきかを理解するため――そのためには、長いあいだの根気づよい仕事が必要である」(エンゲルス『多数者革命』新日本出版社、247～261ページ)。

エンゲルスは、こうして少数者による少数者のための革命や少数者による多数者のための革命の時代は終わり、多数者による多数者の革命の時代、多数者革命の時代が始まったのだとまとめています。日常の粘り強い活動にもとづいて、多数者が事前の合意に達してのみ新しい社会への変革は可能となる。それがマルクス等の革命論の到達でした。これは、少数者による陰謀や過激な暴力というありがちな革命イメージとはまったく異なるものとなっています。

エンゲルスは１８４８年当時「われわれすべてのもの」が１７８９年以来の「フランスの歴史的経験に、とらわれていた」とも述べており、そのことからこの転換はフランス革命型から多数者革命型への革命論の転換とも言われています。

▽恐慌論の発展から資本主義発展観の転換へ

この革命論の転換と並行して経済理論、特に恐慌の運動論の解明が進みました。時代はまだ資本主義を確立させる「産業革命」の段階にしか達しておらず、それを見誤っていたとするエンゲルスの総括は、恐慌の周期的な発現を資本主義の末期現象ととらえた『共産党宣言』の資本主義観を誤りとするものでもありました。

それを是正する上で決定的な意義をもったのが、１８６５年の第2部第1草稿での恐慌のメカニズムの解明でした。需要と供給のバランスをとるはずの市場経済の上で、大幅な過剰生産が繰り返し発生するのはなぜなのか。それは生産資本と最終消費者のあいだに商業資本という仲介者が入り、それがもたらす「架空の消費」が生産資本の「流通」と循環を「短縮」し、さらに世界市場のひろがりが実際の消費の規模を生産資本に見にくくさせ、銀行資本による投資力の拡大が生産資本や商業資本の過剰な活動を激励する。くわえて私的資本相互の生産量調整が行われず、互いが互いを出し抜き合おうとする自由競争の下で景気の過熱にブレーキをかける理性もはたらかない。これが周期的な過剰生産と、直後の経済の破綻を生みだす主な要因だということを突き止めていったのです。

これによってマルクスは、恐慌の局面をふくむ経済の循環を、資本主義にとって当たり前の「生活行路」ととらえ、恐慌は資本主義の末期現象などではなく、反対に資本主義の平凡な日常の一コマにすぎないととらえ返します。これはマルクスの資本主義発展観の大転換でした。そして、この転換が起こったのは『資本論』第1部の初稿を書き上げた後のことでしたから、完成稿の執筆に際してマルクスは原稿の大幅な書き換えを余儀なくされていったのでした。

『資本論』での革命論の模索も転換します。第2部第1草稿の直前に書いた第3部第1〜3篇草稿では、マルクスは恐慌の原因を利潤率の傾向的低下に結びつけようとしましたが、それは成功していません。その発想の背後には「恐慌＝革命」論がありました。革命のきっかけとなる恐慌の必然性を、リカード以来、資本主義の歴史的危機の現われととらえられてきた利潤率の傾向的低下から説明しようとしたのです。それが一転して、第2部第1草稿の直後に書いた第3部第4篇以後の草稿では、利潤率の低下を資本主義の危機に結びつける論理がどこにも登場しなくなります。利潤率の低下自体は、資本主義の発展にともなって総資本にしめる機械設備など不変資本の比率が大きくなるごく当然の傾向と位置づけられますが、マルクスはそれを恐慌および資本主義の危機に結ぶ議論を、その後どこにも繰り返しませんでした。

▽労働者の発達論を集中的に加筆

それにかわって、第一部の完成稿で新たな探求を集中したのが、それまで「賃労働」の理論に含むとしていた労働者についての研究でした。その一つは、多数者革命の担い手となる労働者の政治的な力量の発達です。マルクスは、１８６６年1月から67年４月にかけて執筆した完成稿で、それまでの６部編成の経済学プランを変更し、この論点を第一部にはじめて組み入れ、大幅な加筆を行っています。１８６４年以後のインタナショナルにおける生身の労働者運動との密接なかかわりも、多くの検討材料を与えるものとなったでしょう。

こうして第一部の完成稿には、第６篇「労賃」がまるまる新たに書き加えられ、第8章「労働日」でも、標準労働日（一日の労働時間の上限）の制定を勝ち取っていくたたかいの叙述が大幅に拡充されます。他方、第4篇「相対的剰余価値の生産」では、単純協業、マニファクチュア、機械と大工業という生産力と生産様式の発展にそって、労働者集団が資本家の指揮や命令なしに事業をすすめる能力を拡大していく過程が書き込まれています。これは変革に向けてたたかう力の発達とは別に、未来の共同社会を担う経済運営力の発達を模索したものでした。

内田先生が注目した第23章と24章は、資本主義の歴史的発展を大きく論じた第7篇「資本の蓄積過程」の一部ですが、とんでもなくページ数の多い第23章は、まるまる完成稿で追加された部分です。「資本の増大が労働者階級の運命におよぼす影響を取り扱う」と書き始め、苦難に打ちひしがれた労働者が――当時の歴史事情を背景としてマルクスは「富の蓄積」の対極に「貧困、労働苦、奴隷状態、無知、野蛮化、および道徳的堕落」が蓄積されるとまで書きましたが――、自らを救うには労資関係を抜け出し、資本主義を超える以外にないと結論した箇所です。つづく第24章では、確立した資本主義における「資本の蓄積」ではなく、封建制の中から資本主義を生みだす歴史の最初の蓄積としての「本源的蓄積」を検討し、最後の第7節では確立した資本主義が内部にその次の社会を準備し、次の歴史段階に向けて発展せずにおれないという展望を語ったのでした。

2、資本主義の発展が未来社会を準備する

▽資本主義の肯定的理解のうちに必然的没落の理解を

さて今回のテーマは、マルクスの未来社会論ですね。どう書くのがいいか迷ったのですが、結局『資本論』から関連する主な論点を抜き出して紹介するというオーソドックスなところに落ち着きました。内田先生とぼくとの自然発生的分業での役どころということもありますが、あわせて『資

本論』の生の議論をできるだけ広く読者のみなさんに提供したいという思いもあってのことです。マルクスの未来社会論はいろんな人に誤解されていますからね。

まずは『資本論』の叙述の方法に関する文章からです。『資本論』の冒頭には、何種類もの「序言」「あと書き」類がならんでいますが、その中のドイツ語第2版（１８７３年）への「あと書き」で、マルクスは自身の「弁証法的方法」についてこう述べています。

「その合理的な姿態では、弁証法は、ブルジョアジーやその空論的代弁者たちにとっては、忌まわしいものであり、恐ろしいものである。なぜなら、この弁証法は、現存するものの肯定的理解のうちに、同時にまた、その否定、その必然的没落の理解を含み、どの生成した形態をも運動の流れのなかで、したがってまた経過的な側面からとらえ、なにものによっても威圧されることなく、その本質上批判的であり革命的であるからである」（「あと書き［第2版への］」、新日本出版社『新版・資本論』①、33〜34ページ、以下マル数字とページ数のみ。訳文は一部変更している場合がある）

しかし、このようにいうことは、研究対象である資本主義をとらえる「先験的」な視角として、特定の方法を現実分析に先立って採用したという意味ではありません。資本主義の構造や運動をそれ自体にそくしてとらえなければ、改革にむけた的確な指針を示すことはできないとするマルクスの根本の考え方については、これまでの『若マル』で何度も紹介してきた通りです。ですから、この点についてマルクスは右の文章の少し前で、次のような注意書きをしています。

「叙述の仕方」と「研究の仕方」の関係だが、素材を詳細にわがものとする研究がしあげられた後に、「はじめて、現実の運動をそれにふさわしく叙述することができる」。その叙述がうまく成功した時には、叙述は「まるである〝先験的な〟構成とかかわりあっているかのように、思われるかもしれない」（同32ページ）。しかし、それはそう見えるかも知れないだけのことで、現実に対して外からこの方法をあてはめた結果ではなく、その点を誤解してはならないということです。

▽生産手段・生産力の発展と労働者の発達

右でマルクスが「肯定的理解」と述べたのは、まず人間社会の歴史の中では資本主義もまた必然的な一段階だということで、「必然的没落の理解」というのは、その資本主義自身の運動が資本主義をこえる新しい社会への転化を必然にしているということです。ですから未来社会の必然性にかんする知見の妥当性は、何より資本主義分析そのものの妥当性によるのであって、未来はこうある「べき」だという空想や設計図の優劣によるのではありません。

この「肯定的理解」「必然的没落の理解」については第1部の末尾に、これに対応した総括的で簡潔な文章があります。先にもふれた第24章第7節の一文です。

（諸資本の弱肉強食の競争の中で）「ますます増大する規模での労働過程の協業的形態、科学の意識的な技術的応用、共同的にのみ使用されうる労働手段への労働手段の転化、結合された社会的な労働の生産手段としての生産手段の使用によるすべての生産手段の節約、世界市場の網のなかへのすべての国民の編入、したがってまた資本主義体制の国際的性格が、発展する」④（1331〜1332ページ）

これは生産手段の発展に重点をおきながら、資本主義が生産力をいかに拡充し、未来社会における共同の労働をいかに準備するかなどを述べて、資本主義の「肯定的理解」を簡潔にまとめるものとなっています。

つづけてマルクスは「必然的没落」への過程についてこう書きます。

右の文章のような「転化過程のいっさいの利益を横奪し独占する大資本家の数が絶えず減少していくにつれて、貧困、抑圧、隷属、堕落、搾取の総量は増大するが、しかしまた、絶えず膨張するところの、資本主義的生産過程そのものの機構によって訓練され、連合され、組織される労働者階級の反抗もまた増大する。資本独占は、それとともにまたそれのもとで開花したこの生産様式の桎梏となる。生産手段の集中と労働の社会化とは、それらの資本主義的な外被とは調和しえなくなる一点に到達する。この外被は粉砕される。資本主義的私的所有の弔鐘が鳴る。収奪者が収奪される」(④1332ページ)。

先の「肯定的理解」のうちに、資本による労働者への搾取の増加と、それに抵抗する労働者の力の増大があり、それらが生産力の発展や労働者の共同のあり方を、資本主義的な「外被」から解き放つ力になるというわけです。つまり資本主義の衰退ではなく発展こそが、より豊かな未来社会の客観的な準備とそれを実現する主体(人間)を準備するということです。

この点に関連して、マルクスは半世紀におよぶ「内乱」をつうじて労働者が獲得した工場立法の全領域(年齢・性別・産業分野)へのひろがりを、資本主義の枠内での労働者のたたかいが未来社会の準備を進める具体的な事例としてとらえる文章を残しています。

「工場立法の一般化は、生産過程の物質的諸条件および社会的結合とともに、生産過程の資本主義的形態の諸矛盾と諸敵対とを、それゆえ同時に、新しい社会の形成要素と古い社会の変革契機とを成熟させる」(③877ページ)

▽飽くなき資本の致富衝動

資本主義に必然的没落への道を歩ませる推進力は、個々の資本の際限なき剰余価値生産への衝動です。それは資本主義の「肯定的理解」そのものです。その主な内容と方法の分析が『資本論』第１部の多くをしめていますが、マルクスは「単純な商品流通」と区別される「資本としての貨幣の流通」を検討する最初の箇所で、資本の運動を次のように簡潔に描きました。

「この運動の意識的な担い手として、貨幣所有者は資本家になる。彼の人格、またはむしろ彼のポケットは、貨幣の出発点であり帰着点である。右の流通［Ｇ―Ｗ―Ｇ］の客観的内容――価値の増殖――は彼の主観的目的である。そして、ただ抽象的富をますます多く取得することが彼の操作の唯一の推進的動機である限りでのみ、彼は資本家として、または人格化された――意志と意識とを与えられた――資本として、機能する」（②２６６ページ）

資本家以前の経済的支配者が具体的な姿形をもった富――使用価値の獲得を目指したのに対し、資本家は抽象的な富――価値・貨幣の獲得を目的とし、それによって無際限に富を欲する特質をもつようになります。ただし、マルクスは『資本論』のどこでも、貨幣や資本の蓄積衝動を、資本家の強欲や悪意から説明することはしていません。これについては「序言［初版への］」の中でマルクス自身がこう解説していました。

「私は決して、資本家や土地所有者の姿態をバラ色には描いていない。しかし、ここで諸人格が問題になるのは、ただ彼らが経済的諸カテゴリーの人格化であり、特定の階級関係や利害の担い手である限りにおいてである。経済的社会構成体の発展を一つの自然史的過程ととらえる私の立場は、他のどの立場にもまして、個々人に諸関係の責任を負わせることはできない。個人は主観的には諸階級をどんなに超越しようとも、社会的には依然として諸関係の被造物なのである」（①14ページ）

資本家を「諸関係の被造物」ととらえるこの方法は、労働者のとらえ方についても同様です。労働者が資本主義の是正や変革に乗り出さずにおれなくなるとマルクスが語るとき、その行動の動機や政治的な能力の発達、また資本家なしに生産手段を運営する能力の発達も、もっぱら労働者がおかれた社会的諸関係から説明されています。労働者は善人で、資本家は悪人だといった非科学的な決めつけによるものでは、もちろんありません。

▽致富衝動自体が没落への推進力

次のよく知られた文章は、その一例となります。

「〝大洪水よ、わが亡きあとに来たれ！〟これがすべての資本家およびすべての資本家国家のスローガンである。それだから、資本は、社会によって強制されるのでなければ、労働者の健康と寿命にたいし、なんらの顧慮も払わない。肉体的、精神的萎縮、早死、過度労働の責め苦にかんする苦情に答えて資本は言う――われらが楽しみ（利潤）を増すがゆえに、われらがかの艱苦に悩むべきか？　と。しかし、全体としてみれば、このこともまた、個々の資本家の善意または悪意に依存するものではない。自由競争は、資本主義的生産の内在的な諸法則を、個々の資本家にたいして外的な強制法則として通用させるのである」（②471ページ）

過労死や早死をふくむ健康破壊になんの顧慮も払わない資本家の行動も、個々人の悪意からではなく、彼の背後にある資本主義の諸法則による「強制」から説明され、同じく、そのような衝動から自らの命と健康を守るために、労働者が資本の活動の自由を制限しようとすることも、マルクスは彼らがおかれた諸関係から説明しています。なお、労働者が生みだす資本への社会による強制を、マルクスは「国法」（②532）にもとづくものとしています。資本の活動への法的規制の必要というこの論点は、新自由主義からの転換を切実な課題とする現代日本にとっても、重要な指針になっているといえるでしょう。

さらにマルクスは、価値増殖への資本の狂信が、未来社会の土台を創造すると述べています。

「資本家は、人格化された資本である限りにおいてのみ、一つの歴史的価値をも（つ）」「その限りではまた、使用価値と享受ではなく、交換価値とその増殖とが、彼の推進的動機である。価値増殖の狂信者として、彼は容赦なく人類を強制して、生産のために生産させ、したがって社会的生産諸力を発展させ、そしてまた、あらゆる個人の十分で自由な発達を支配原理とするより高度な社会形態の唯一の現実的土台となりうる物質的生産諸条件を創造させる」④1030ページ）

資本主義を資本主義たらしめる剰余価値生産の追求（肯定的理解）こそが、同時に、生産力の発展と労働者の発達をつうじて自らを必然的没落に突き進ませる原動力（必然的没落の理解）となっている――マルクスはそのように資本主義の運動をとらえたのでした。

なお、ここで「高度な社会形態」といわれているのは資本主義をこえる未来社会のことですが、マルクスがそれを「あらゆる個人の十分で自由な発展を支配原理」にすると述べているところは、未来社会の端的な特徴づけとして重要なところだと思います。

３、未来社会とはどんな社会なのか

▽共同で生産する自由な人々の連合体

未来社会の中身の話に進みましょう。『資本論』にそれが最初に現われるのは商品論の中でのことです。労働生産物が商品形態をとるのは歴史の一時期のことだとして、人間社会の他の段階と商品生産社会を対比した箇所でのことです。

「最後に、目先を変えるために、共同的生産手段で労働し、自分たちの多くの個人的労働力を自覚的に、一つの社会的労働力として支出する自由な人々の連合体を考えてみよう」「この連合体の総生産物は一つの社会的生産物である。この生産物の一部分は、ふたたび生産手段として役立つ。この部分は引き続き社会的なものである。しかし、もう一つの部分は、生活手段として、連合体の成員によって消費される。この部分は、だから、彼らのあいだで分配されなければならない。この分配の仕方は、社会的生産有機体そのものの特殊な種類と、これに照応する生産者たちの歴史的発展程度とに応じて、変化するであろう」（①１４０～１４１ページ）

未来社会はまず「自由な人々の連合体」とされています。先の引用にも「あらゆる個人の十分で自由な発達を支配原理とする」という言葉がありましたが、マルクスは自由な人々、自由な個人、彼らの自由な発達をこの社会の第一の特徴としています。20世紀に「社会主義」を自称した国々のように、人々が国家権力によって監視され、支配されたのとはまったく違った社会です。

それを支える経済的な特徴の第一は、労働者が「共同的生産手段で労働」するということです。資本主義では少数の資本家が所有している生産手段が、ここでは「自由な人々の連合体」の所有に変わります。そうした変化は別の箇所では、生産手段の「社会化」や生産手段の「社会的所有」と呼ばれています。

第二の経済的な特徴は、労働者が自らの労働力を「自覚的に」、しかも商品生産社会でのように私的労働力としてではなく、最初から「社会的労働力」として支出するということです。

少し先でマルクスは未来社会を「社会的生活過程」や「物質的生産過程」が「自由な社会化された人間の産物として彼らの意識的計画的管理のもとにおかれる」社会と描いていますが（①142）、各人の「自覚的」な労働力の支出は、彼らがあらかじめ共有する（国家などの外的な力によって強制されるのではない）「計画的管理」にもとづいて行われます。

こうして、共同的生産手段をもちいて、共通の計画的管理下でおこなわれた労働の生産物は、自由な人々自身の共同所有となる他ありません。その一部は再び共同的生産手段として活用され、他方で生活手段は人々のあいだで「分配」されます。生活手段は人々の私的所有となるわけで、マルクスか展望した未来社会を「なんでも共有の社会」と描き出したがる人が今もいますが、それはあまりにもおそまつな議論です。

▽人間的な労働、競争まかせでない計画的な共同

生産手段を「自由な人々の連合体」が所有し、管理するようになると人間社会にはどのような新しい変化が生まれるのか。この点についての叙述は第1部の枠をこえるところが多くなってきます。

１つ目は、労働の性格そのものの変化についてです。生産過程を管理するのは労働する人々自身ですから、自由競争に圧迫されて自然とともに労働者を破壊するような労働の仕方は正されます。

「社会化された人間、協同した生産者たちが、自分たちと自然との物質代謝によって――盲目的な支配力としてのそれによって――支配されるのではなく、この自然との物質代謝を合理的に規制し、自分たちの共同の管理のもとにおくこと、すなわち、最小の力の支出で、みずからの人間性にもっともふさわしい、もっとも適合した諸条件のもとでこの物質代謝を行う」ようになる（⑫１４６０ページ）

同時に、労働時間の短縮がすすみ、人々の自由に使える時間が増えていきます。

「ある社会層が労働の自然的必要性を自分自身から他の社会層に転嫁することができなくなればなるほど、社会的労働日のうちで物質的生産のために必要な部分がそれだけ短くなり、したがって、諸個人の自由な精神的および社会的な活動のために獲得される時間部分がそれだけ大きくなる」「資本主義社会においては、一階級の自由な時間は、大衆のすべての生活時間を労働時間へ転化することによって生み出される」（③920〜921ページ）

この点に関連して『賃金、価格および利潤』でマルクスはこう言っています。

「時間は人間の発達の場である。思うままに処分できる自由な時間をもたない人間、睡眠や食事などによるたんなる生理的な中断をのぞけば、その全生涯を資本家のために労働によって奪われる人間は、牛馬にもおとるものである」（『賃労働と資本／賃金、価格および利潤』新日本出版社、170〜171ページ）

マルクスは、資本主義の枠内においても労働時間の短縮を、労働者の発達の根本条件ととらえていたのでした。

２つ目は経済活動の目的そのものが変わるということです。

先の「あらゆる個人の十分で自由な発達を支配原理とするより高度な社会形態」（④１０３０ページ）という文章は、未来社会では個々の資本による剰余価値生産の追求ではなく、個人の自由な発達の保障こそが経済活動そのものの目的となっていくということを示していました。

同時に経済活動は、これも先に「社会的生活過程」や「物質的生産過程」が「自由な社会化された人間の産物として彼らの意識的計画的管理のもとにおかれる」（①１４２ページ）という文章を紹介しましたが、同じくそれは自由競争をつうじた事後的調整にまかされるのでなく、あらかじめ計画的に行われるものへと変わります。マルクスは次のように書いています。

「資本主義的生産では、総生産の連関は、盲目的な法則として生産当事者たちに自己を押しつけるのであって、彼らの協同した理性によって把握され、それゆえ支配された法則として、生産過程を彼らの共同の管理のもとにおいてこなかった」（⑧４４１ページ）

「社会的理性がいつも〝祭りが終わってから〟はじめて妥当なものとされる資本主義社会では、つねに大きな攪乱が生じうるのであり、また生じざるをえない」（⑥５００ページ）

この点が変わるということです。

▽浪費の一掃、生産力の発展がもたらす労働時間の短縮

こうした議論の上に立って、マルクスは経済社会の新しい大きな発展の可能性についても書いています。

「資本主義的生産様式は、個々の事業所内では節約を強制するが、その無政府的な競争制度は、社会的な生産手段と労働力の際限のない浪費を生み出し、それとともに、こんにちでは不可欠であるがそれ自体としては不必要な無数の機能を生み出す」（③920ページ）

個別資本のもうけを原動力とする「無政府的な競争」を、人々の協同にもとづく計画的管理に転換すれば、各種の「浪費」を大きく減らすことができるということで、それは周期的な過剰生産と生産力や商品の廃棄といった量の問題だけではなく、短期間での買い換えを当前視する製品づくりなど生産の質の是正にもつながるでしょう。また今日では、リーマン・ショックに現れたような、実体経済を従属させ、混乱に陥れる金融経済（マネーゲーム市場）の発展も「節約」されるべき「不

必要な無数の機能」の一つと言えるでしょう。

さらに経済のより積極的な発展の内容が第３部の第7篇つまりは『資本論』全体の最後の篇で展開されています。ここは『資本論』では未来社会論をもっとも集中的に語った部分です。

まずは資本主義による未来社会の準備の中心的な条件が、それによる生産力の発展であることが述べられます。

「資本がこの剰余労働を、奴隷制、農奴制などの以前の諸形態のもとでよりも、生産諸力の発展にとって、社会的諸関係の発展にとって、またより高度の新社会の形成のための諸要素の創造にとって、いっそう有利な様式と諸条件とのもとで強制するということこそは、資本の文明化的諸側面の一つである」（⑫１４５９ページ）

それによって「資本は、一方では、社会の一部分による、他の部分を犠牲にしての、強制と社会的発展（その物質的および知的諸利益を含む）の独占化とが見られなくなる一段階をもたらす。他方では、それを社会のいっそう高度な一形態において、この剰余労働を、物質的労働一般にあてられる時間のいっそう大きな制限と結びつけることを可能にする諸関係に向けた、物質的諸手段およびその萌芽をつくりだす」（⑫１４５９ページ）。

資本による生産力の巨大な発展こそが、社会の一部の人々によってその他の人々が犠牲とされることのない真に協同的な社会を生みだす土台となる。そして、それにとどまることなく、そのような生産力の発展は人々に、労働時間の「制限」つまりは労働時間短縮への大きな物的条件を生みだしもするということです。

▽必然性の国の改革と自由の国の拡大と

さらに、マルクスの未来社会論は人々の経済的平等や豊かさの享受だけでなく「人間の発達の場」である自由時間の拡大に最大の特質を見るものとなっています。ここは案外知られていないところですので、少し長くなりますが、関係部分をまとめて引用しておきます。

(1)「自由の国は、事実、窮迫と外的な目的適合性とによって規定される労働が存在しなくなるところで、はじめて始まる。したがってそれは、当然に、本来の物質的生産の領域の彼岸にある」

(2)「未開の人が、自分の諸欲求を満たすために、自分の生活を維持し再生産するために、自然と格闘しなければならないように、文明人もそうしなければならず、しかも、すべての社会諸形態において、あらゆるすべての生産諸様式のもとで、彼は、そうした格闘をしなければならない。彼の発達とともに、諸欲求が拡大するから、自然的必然性のこの国は拡大する。

しかし同時に、この諸欲求を満たす生産諸力も拡大する」

(3)「この領域における自由は、ただ、社会化された人間、協同した生産者たちが、自分たちと自然との物質代謝によって――盲目的な支配力としてのそれによって――支配されるのではなく、この自然との物質代謝を合理的に規制し、自分たちの共同の管理のもとにおくこと、すなわち、最小の力の支出で、みずからの人間性にもっともふさわしい、もっとも適合した諸条件のもとでこの物質代謝を行なうこと、この点にだけありうる。しかし、それでも、これはまだ依然として必然性の国である」

(4)「この国の彼岸において、それ自体が目的であるとされる人間の力の発達が、真の自由の国が――といっても、それはただ、自己の基礎としての右の必然性の国の上にのみ開花することかできるのであるが――始まる。労働日の短縮が根本条件である」（⑫１４５９～１４６０ページ）

労働時間の短縮を未来社会論の核心に位置づけるこの議論は、マルクスの研究にとって唐突なものではありません。「１８５７～58年草稿」以来、繰り返し探求を深めてきたものです。

(1)(4)でマルクスは、人間が生存するためにどのような社会の発展段階にあっても避けることのできない「物質的生産の領域」を「必然性の国」と呼び、他方、人々が労働から解放される自由時間の領域を「自由の国」と呼んでいます。

⑵⑶では「必然性の国」の歴史的発展が語られています。人々の発達とともに欲求が拡大し、それが労働時間の拡大をもたらし、同時に生産力をも発展させてきた。しかし、生産手段の共同所有にもとづく未来社会への転換は、自然との物質代謝の合理的な規制によって「最小の力の支出」でこれを行うことを可能とする。

⑷ただし、それはあくまで「必然性の国」の枠内での変化であって、より肝心なことはそれによって可能となる「自由の国」の拡大であり、「それ自体が目的であるとされる人間の力の発達」である。

そして、その土台になるのは「労働時間の短縮」だということです。

∇時短など資本主義を改良するたたかいの意義

マルクスは、右の文章の後に書いた『資本論』第1部「労働日」の章で、本来「自由に処分できる労働者の時間」が「資本の自己増殖のためのもの」とされることによって、「人間的教養のための、精神的発達のための、社会的役割を遂行するための、社会的交流のための、肉体的・精神的生命力の自由な活動のための時間」「日曜日の安息時間でさえもが」奪われていると述べましたが（②462）、未来社会はあらゆる人々にこれらの時間を保障するものだというわけです。

「1861～63年草稿」には、「自由に利用できる時間をもつ人でもある人の労働時間は労働するだけの人間の労働時間よりもはるかにより高度な質をもつにちがいない」（大月書店『資本論草稿集』⑦３１４）という文章もあり、マルクスは「自由の国」の拡大が人間の労働力の質を高め、それによって「必然性の国」の一層の発展も可能にするという、二つの国の相乗的な発展を展望してもいました。

現代の資本主義大国での時短先進国といえば、ドイツ、フランスの週35時間制ということになりますが、そのフランスの20世紀初頭の労働時間は週70時間でしたから、この１世紀のあいだに労働時間は半減したわけです。マルクス以後の資本主義のこのような発展は、労働時間の短縮を特質とする未来社会への人々の衝動の強さをあらためて示すものとなっています。

資本主義をこえた未来の社会というと、かつてのソ連のように、国家が経済資源を独占し（人々の共同所有が少数の権力者による所有にすりかえられる）、国家がさだめた計画にそった経済活動が労働者たちに強制され（計画の立案や生産手段の運用が自由な人々ではなく少数の権力者によって独占される）、そのような社会からの逸脱をゆるさぬための市民の監視や管理が日常化した抑圧的な社会というイメージがあるかも知れませんが、それはマルクスの未来社会論の展望とはまるで方向の違ったものでした。ソ連崩壊をもって「マルクスは死んだ」と語ることの誤りは明白です。

では、なぜソ連では、マルクスが展望した社会は実現されなかったのか。いろいろな要因をあげることができるでしょうが、すでに紹介したマルクスの見解にそっていえば、未来社会を開く根本条件である豊かな生産力と、社会を自分たちの力で民主的に運営する力をもった労働者の発達がともに実現していなかったこと、つまりそれらを準備する資本主義の発達を十分に体験しない社会だったということが最も大きな要因となりそうです。スターリンという特異な個性の出現もありましたが（それについては若マル番外編の『マルクスの心の声を聴く旅』で少しまとめて述べました）、彼と彼の後継者たちの独裁を「ソ連崩壊」まで継続し、その後の今日もプーチンによる長期の強権政治を維持している現実は、資本主義の形成と発展をつうじた多くの「個人」の確立（封建制の社会においてそこに埋没していた共同体からの脱出）と、そうして自立を深めて団結しながら、多数の合意のもとに資本主義を改良する歴史的経験をしっかりと積み上げることの大切さを、あらためて教えているように思います。

4、未来社会のいくつかの側面について

▽諸個人が自発的に協同する労働にもとづく社会

『資本論』からの拾い読みはここまでとします。以下はいくつかの補足です。

一つは用語の問題です。ここまで未来社会をあらわすマルクスの用語として「社会主義社会」や「共産主義社会」という言葉をできるだけ使わずにきました。それは、意外に思えるかもしれませんが、

マルクス自身がそれらの用語を、特に自分の研究成果を表現するものとしては多用していないからです。

たとえば『若マル』第1巻でとりあげた『共産党宣言』でも、今ここでとりあげている『資本論』でも、「共産主義社会」という言葉はそれぞれ2か所ずつでしか使われていません（しかも『資本論』の2か所のうち1か所は注の中です）。小さなパンフレットだった『共産党宣言』はまだしも、膨大な『資本論』全３部のなかでたった2か所となると、これはもう探すことの方が大変です。また後年のマルクスは「社会主義」と「共産主義」を同じ意味の言葉として使っていましたが、「社会主義社会」という言葉は『資本論』には一度も登場していません。

そうなっている理由についてですが、マルクスが社会運動に参加した１８４０年代には、ほぼ一切の法的規制をもたない資本主義の野蛮から労働者を解放しようとする運動や思想、またのめざすべき社会を共産主義（主にドイツで）や社会主義（主にフランスで）という言葉で表す人たちがすでにたくさんおり、それらの言葉は社会の中で一定の市民権を得ていました。ですからマルクスもそれを社会と労働者運動の中の共通言語として受け入れて、自身の運動や研究をスタートさせます。

しかし、詳しく検討してみると、それらの意味するところは論者の数だけ様々でした。そこでマルクスは１８４８年の『共産党宣言』で「一つの妖怪がヨーロッパを歩き回っている」「いまこそ、共産主義者は、その見方、その目的、その意向を、全世界の前に公然と示して、共産主義の妖怪というおとぎ話に党みずからの宣言を対置すべきだ」と書き始めたのでした。「共産主義・社会主義」という言葉の本当の意味を、私あるいは共産主義者同盟が明らかにしようというわけです。

この『宣言』の中でマルクスは、当時のヨーロッパ社会の状況、労働者がおかれた厳しい立場、その是正のために行われている運動、未来社会の展望やそこへの過程などを述べた上で、ブルジョア社会の変革によって生み出される新しい社会を簡潔に次のように表しました。

「各人の自由な発達が、万人の自由な発達のための条件である協同社会（Assoziation）」（『共産党宣言／共産主義の諸原理』新日本出版社、86ページ）

後に資本主義経済の分析の要となる剰余価値論もなかった段階での認識ですが、それでもマルクスは人々の「自由な発達」を、すでに未来社会の中心要素としていました。

その上で注目したいのは、右に登場したAssoziationという用語です。この言葉は、『資本論』の中でも未来社会の特徴づけとして繰り返し使われているもので、それは労働者が資本という外的な力によって特定の労働様式や労働の編成に結合させられている（Kombiniert）資本主義の経済と異なって、何らかの外的な力によってではなく、諸個人（生産者）があくまで自発的に協同して（Assoziiert）労働することを土台とする社会に変化することを示したものでした。この点を端的に表現したものとして、『資本論』には次のような文章も登場します。

「資本主義的生産様式から協同した労働の生産様式（die Productionsweise der Associirten Arbeit）への移行」（⑩１０９６）

『資本論』でマルクスが未来社会の経済関係を自らの言葉で表現したものとしては、これがもっとも端的で核心的なものではないかと思います。それはすでに紹介した「共同的生産手段で労働し、自分たちの多くの個人的労働力を自覚的に、一つの社会的労働力として支出する自由な人々の連合体」（①１４０）を、より簡潔に示したものともいえそうです。

▽共同的な経営を実現する現場の人間の力

もう一つ、このように人々が自覚的に協同する労働の様式の具体像についてですが、マルクスはそれについても、わずかですが探求の文章を残しています。パリ・コミューンのたたかいを総括した『フランスにおける内乱』の中でのことですが、本文中にこう出てきます。

「もし協同組合の連合体が一つの共同計画にもとづいて全国の生産を調整し、こうしてそれを自分の統制のもとにおき、資本主義的生産の宿命である不断の無政府状態と周期的痙攣〔恐慌のことです――石川〕とを終わらせるべきものとすれば――諸君、それこそは共産主義、『可能な』共産主義でなくてなんであろうか！」（『マルクス＝エンゲルス全集』第17巻、319〜320ページ）

この点をもう少し突っ込んで述べたのが『内乱』第一草稿の次の文章です。

「労働者階級は、彼らが階級闘争のさまざまな局面を経過しなければならないことを知っている。労働の奴隷制〔資本主義のことです――石川〕の経済的諸条件を、自由な協同労働の諸条件とおきかえることは、時間を要する漸進的な仕事でしかありえないこと（その経済的改造）、それには分配の変更だけでなく、生産の新しい組織が必要であること、あるいはむしろ、現在の組織された労働にもとづく社会的生産諸形態（現在の工業によって生みだされた）を、奴隷制のかせから、その現在の階級的性格から救いだして（解放して）、全国的および国際的に調和のとれた協力をつくりだすことが必要であることを、彼らは知っている」（同517〜518ページ）

自発的に協同する労働を実現するには時間がかかり、それは分配の平等の実現以上に「生産の新しい組織」の実現にかかっている。その組織は「協同組合」的運営を一つの形態とした、現在の労資関係から解放される労働者（生産者）の「自由な協同」にもとづく生産の組織で、さらにそれらは国内的・国際的に調和のとれた相互の関係をつくりだしていかねばならない、というのです。

そうであれば、互いに自発的に協同する労働の現場は、個々の具体的な経営ですから、そこにはたらく労働者（生産者）たちには、資本主義の下でよりも効率的な経営を実現する力がなければなりません。生産手段を形の上で、たとえば法的に共有しさえすれば、それでことが済むといったことではまったくなく、逆に、その瞬間から内実のともなった本当の共有をつくりだすことこそ真の課題になるということです。マルクスは『資本論』第１部で労働者階級の発達を探求した時に、資本主義を改良したり、労働者の政治権力を樹立するといった政治的にたたかう能力の発達だけではなく、未来社会の特に経済活動を担う能力の発達にも焦点を当てましたが、それはこうした論理の脈絡を展望してのことだったと思います。

実際、現代日本でも、この能力は資本主義の枠内における経営改善の取り組みや、職場のより民主的で効率的な運営をめざす日々の努力をつうじて次第に鍛えられるものとなっています。たとえば神戸女学院大学の教職員組合が、賃金や労働時間などはたらく諸条件の改善を主張するだけでなく、学生や院生の教育・研究条件の整備、さらには学院経営全体についての提案の能力を豊かにし、経営にその意見を反映させるような仕組みを少しずつ拡張していく——たとえばヨーロッパでの従業員代表制度のように——などの日々のリアルな活動は、そうした能力を発達させる場になっています。よりよい労働条件だけでなく、同時によりよい大学づくりをめざす現在の取り組みが、未来において（担い手は世代交代しているでしょうが）この経営を学生や院生もふくめて本当に共同的に、あるいは「協同組合」的に、より効率的に運営する能力の獲得につながっていくでしょう。

そんなことを考えながら、賃金や労働時間などの労働条件の改善の遅れや労働組合への加入者比率の実際をみると、日本における未来社会の実現には、まだかなりの時間がかかりそうです。社会や政治を変えるたたかいの力も、未来社会の特に経済を担う力も両方ともに未熟ですから。同時に、EUや北欧の社会を参考にする時には、労働者・市民のくらしを守る制度の内容だけでなく、そうした制度を実現してきた労働者・市民の歴史的な発達に注目することが必要です。労働時間の短縮や社会福祉の充実だけでなく、時間当たりの労働生産性やGDPが高いという点でも、それらの社会の多くが客観的には、日本より未来社会に接近した、より発達した資本主義になっています。このような現実が示しているのは、社会民主主義か社会主義かではなく、社会民主主義的な改革の十分な発展をへること自体が社会主義の豊かな準備になっていくということです。

▽ジェンダー視角からの資本主義分析

ジェンダー視角からの分析についても『資本論』は面白い文章をいくつか残しています。ヘレーネ・デームートとの間に子どもをつくったというマルクスの行動については『マルクスの心を聴く旅』でふれましたが、そのマルクスも研究の領域では先駆的な分析をいくつか残しているのです。

マルクスは男が家族を養う賃金を手にするべきだと主張する「家族賃金思想」の持ち主だという議論がまだあるようですが、その誤りは『資本論』を読めばすぐにわかることです。マルクスは「労働力の価値」について述べた最初の部分では――つまりもっとも抽象的にそれを論じた部分では、そこに家族の生活費がふくまれることを指摘しましたが、その後、成人男性だけでなく女性も子どもも賃労働者になっているという具体的な現実の分析に議論を進め、そこでは、労働者家族の内部で労働力の価値の分割が行われ、それによって成人男性だけが賃労働者である場合よりも、家族に複数の労働者がいる方が、労働者（家族）全体への搾取率が高まっていると議論を発展させていきます。これは現代日本での賃金の男女格差や、非正規雇用労働者の極端に低い賃金の意味を考える上でも重要な視角です。さらにいえば、そもそもマルクスの賃金論は、現に支払われている賃金とは何かを分析するもので、本来こうあるべきだといった規範を現実に押しつけるための議論ではありません。

また『資本論』は市場経済の分析に限られており、市場に登場しない家事労働（力）の経済的意義は視野の外に落とされているという議論も誤りです。『資本論』は、資本が直接に購入した労働者（力）を職場でどう搾取しているかを論ずるだけでなく、そうして労働力を搾取された労働者が家に帰って食事をとり、からだを休めることを通じて翌日までに再び搾取されるのに十分な労働力を回復するという関係についても分析しています。また次の世代の労働者の誕生と育成がどのように保障されるかという角度から、資本にとっての労働者家族の役割を論じ、労働力の生産と再生産を論じてもいます。これは資本主義の社会における家事労働の経済的な意義の分析そのもので、いずれも『資本論』第１部で展開された議論です。

▽より人間社会に適合的な生産力へ

他方、野生動物の世界への人間の無分別な侵入が、この数十年間に「人獣共通感染症」の流行を頻発させているという問題や気候危機の深刻化とのかかわりで、マルクスの「人間と自然との物質代謝」論への新たな注目も生まれています。これについては、マルクスが将来に渡る生産力の発展や経済成長の可能性をどうみていたのかにかかわる、新しい問題提起もされていますので少しだけ紹介しておきます。

「労働は……人間が自然との物質代謝を彼自身の行為によって媒介し、規制し、管理する一過程である」（②３１０ページ）というのが、マルクスの人間の労働一般に関わるもっとも基礎的な分析です。

「資本主義的生産は……人間と大地とのあいだの物質代謝を……攪乱する」、「同時に、あの物質代謝の単に自然発生的に生じた諸状態を破壊することを通じて、その物質代謝を、社会的生産の規則的法則として、また十分な人間の発達に適合した形態において、体系的に再建することを強制する」（③８８０〜８８１ページ）

ここで問題にされているのは人間社会のどの発展段階にも共通する労働一般ではなく、歴史の一段階としての資本主義における労働です。それは際限のない剰余価値生産の追求によって物質代謝を攪乱するが、そのことによって人間社会に物質代謝を「体系的に再建」させる強制力ともなっていく。資本主義はそういう歴史的に過渡的な役割を果たすというのです。

そしてマルクスは未来社会での「自由の国」と「必然性の国」の相互関係を述べながら、その段階での「諸欲求」や「生産諸力」の拡大にふれ、さらに「必然性の国」すなわち「物質的生産の領域における自由は「（自分たちと）自然との物質代謝を合理的に規制し、自分たちの共同の管理のもとにおくこと、すなわち、最小の力の支出で、みずからの人間性にもっともふさわしい、もっとも適合した諸条件のもとでこの物質代謝を行なうこと」（⑫１４６０ページ）と書きました。

生産を共同で管理し、担う未来社会の生産者は「生産諸力」を発展させるとともに、物質代謝を「合

デンマークのGDP、エネルギー使用、CO_2排出量

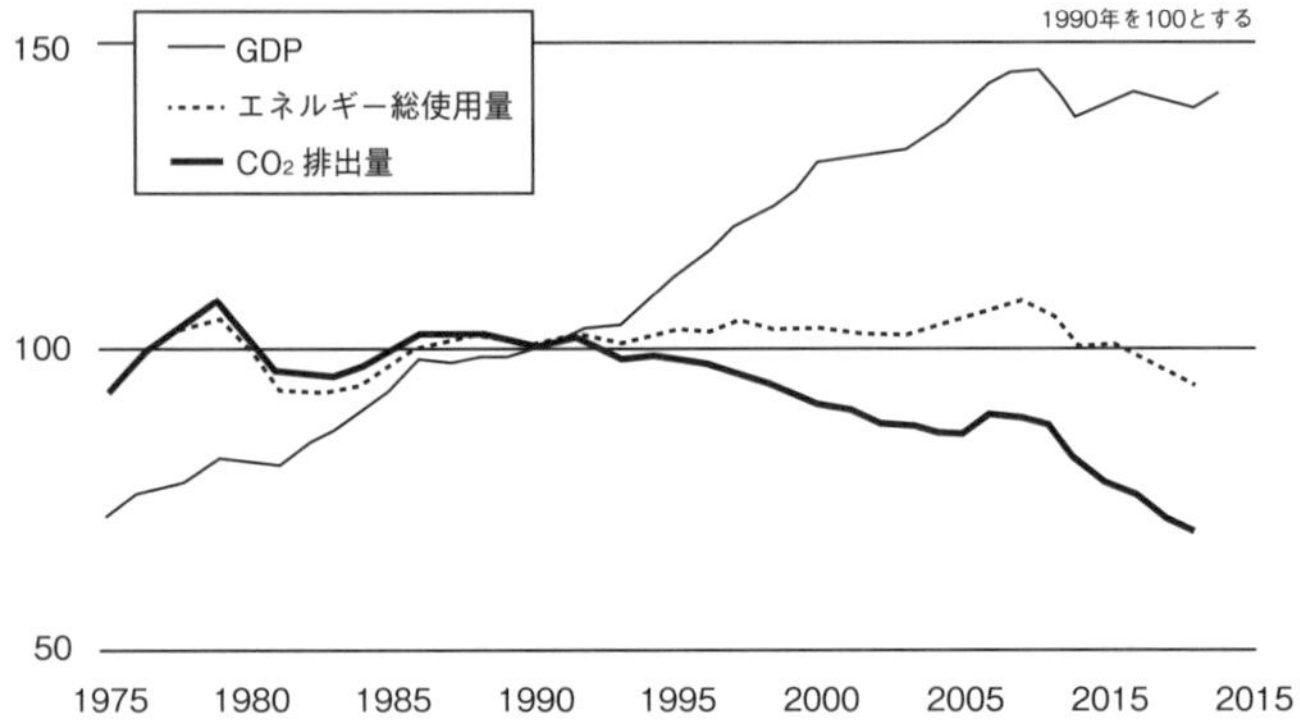

出典：駐日デンマーク大使館のツイートより

理的に規制」し、それを体系的に再建していくというのです。生産力の発展が、労働時間のさらなる短縮との相互に促進しあう関係をつくるという見通しについては、すでに述べたとおりです。

マルクスは『資本論』第1部を1867年に出版した後、亡くなる2年前の1881年まで草稿を書き続け、同時に『資本論』第1部の改訂作業も進めていました。実際、マルクスが亡くなった直後の1883年の第3版の改訂で、エンゲルスはマルクスがそのために残した指示を活用しています。しかし、これらの見解をマルクスが転換したことを示す記述はどこにも発見されていません。

右のマルクスの見通しは、現代の発達した資本主義の改革の努力によって、すでに実証されつつあるように思います。たとえば、再生可能エネルギー活用の先進国であるデンマークでは、上図のように、オイル

ショックからの半世紀の間に、エネルギーの消費量を横ばいにとどめ、CO_2の排出量を削減し、それもかかわらずＧＤＰを大きく伸ばすことに成功しています。物質代謝の再建に向けた努力が資本主義の枠内で成果をあげ始めているわけで、それは生産力の拡大と温暖化阻止の努力を両立させるものとなっています。同時に、特にＥＵ諸国に広がっている、個々の資本に火力発電から再生可能エネルギーへの転換を求める社会的な取り組みは、資本の運動に対する制御の深化という点でも、それを達成していく労働者・市民の能力の発達という点でも、結果的に未来社会をより手前に引き寄せる意味をもっているように思います。

生産力や経済成長というとその量的な変動ばかりに目が向きがちですが、マルクスが価値や資本を量と質の両面からとらえていたのと同じように、生産力もその両面からとらえなければなりません。同じ量の電力を手に入れる方法として、私たちは石炭火力や原子力ではなく再生可能エネルギーの活用を求めていますが、それは生産力の質を転換し、それによって生産力をより人間社会に適合的なものへと発展させる試みになっています。生産力の質の転換という議論については、かつての公害との闘いの中での経済学、特に技術論の検討が参考になります。

『資本論』となるとどうしても肩に力が入ってしまいます。まだまだ書きたいことはありますが、今回はここまでとしておきます。これが『若マル』でのぼくからの最後のお手紙です。内田先生、最後の最後をよろしくお願いします。

Ⅳ

内田樹第２書簡（2023年1月11日）

「大洪水」とは何か——資本主義と世界の未来予測

石川先生

こんにちは。内田樹です。

２００８年に始まったこの往復書簡によるマルクス読解という共同作業もとうとう15年目を迎えました。そして、僕がこの書簡を書き終えると終わります。よく続きましたね。往復書簡だけによる共同著作が10年を超えて続くというのは、かなり稀有のことではないかと思います。書簡をやりとりする二人にとっての知的関心の向かう主題が揺るがなかったというのはなかなかないことですから。

僕たちの場合はなにしろ相手がマルクスという大物ですから、10年や20年で「もう飽きた」とか「乗り越えた」とかいうようなことが起きるはずがありません。読めば読むほどマルクスについて書きたいことがどんどん増えてくる。当然ですが、いくら書いても「書き足りた」ということが起こらない。ですから、僕たちのマルクスをめぐる往復書簡はこの手紙で終わるわけですけれども、石川先生も僕も「マルクスについて書きたいことは書き切った」というような気分にはまったくなっていないと思います。

長い落語の場合だと、『唐茄子屋政談』の中ほどでございます」と言って噺家さんが高座を下りてしまいます。僕はなんだかあれに近い感じでいいんじゃないかという気がします。寄席ではそれで怒るような野暮な客はおりません。「中ほど」で話が途切れても、涼しく笑ってくれる。僕たちのこの本も『若者よ、マルクスを読もう』、ちょうど中ほどでございます」と話を打ち切って、脱いだ羽織を拾い上げてすたすたと楽屋に戻るという風情の終わり方でいいんじゃないかなと思います。

もう一つさいわいだったのは、かもがわ出版の松竹伸幸さんという肚のすわった編集者がいて、僕たち「二頭の馬」を「人参と鞭」を使い分けてちゃんと御してくれたことです（さいわい、ほとんど「人参」でしたが）。すぐに足を止めて草を食べ出したり、あらぬ彼方を見て夢想したりしている二人の「お馬さん」を松竹さんが忍耐強く御してくれたおかげで、これだけ長く一つの企画を持続することができました。シリーズ完結に当たっては、何よりも松竹さんの雅量と忍耐力に感謝しなければなりません。ほんとうにありがとうございました。

ふつう出版物というのは「マーケットのニーズ」を配慮して、企画を立てて、出版するものですけれども、ありがたいことに、このシリーズは「マーケットのニーズ」なんかぜんぜん気にしないで続けられました。

このシリーズはタイトルから分かる通り「若者たち」の袖に取りすがって「いいから、マルクス読んで。お願い」と懇請するという趣旨のものです。だから、初めからそもそも「マーケットのニーズ」というものがありません。なにしろ「若者がマルクスを読まない」という事実が初期条件なんですから、ニーズなんかあるはずがない。「ニーズがない市場にニーズのない出版物を送り出す」という順逆の転倒こそがこの企画の出発点なのです。

でも、僕はそれでいいと思います。「宣教」とか「伝道」というのは、本来そういうものですからね。

僕たちが勤めていた神戸女学院大学は明治の初めに二人の米国人女性宣教師が建学した小さな学塾から発展した学校でした。でも、この二人がサンフランシスコから船に乗って極東の島国を目指した時、この国にはまだ「切支丹禁令」の高札が立っていました。「マーケットのニーズ」がないどころじゃない。「来るな」と言われていた。そこに自分から来た。でも、「伝道」って、そもそもそういうものですよね。

僕たちのこの共著もまた一種の「伝道」であると僕は思っています。「来るな」と言われてもにじり寄ってゆくし、「おまえの話なんか聞きたくないよ」という人の耳元でもいつまでも話し続ける。そういうかなりはた迷惑な活動なんです。でも、この「伝道」活動に偶然行き合った人たちの中に、「おじさんたちがそこまで言うなら…」と思って話に付き合ってくれた読者が少なからずいました。そういう読者を得られたことをほんとうにありがたく思います。

まずは石川先生と松竹さんの長年のご尽力に拝してお礼を申し上げてから、最終書簡に取りかかることにします。

１、「洪水は我れ亡きあとに来たれ！」

今回の主題は、これから資本主義はどうなるのか、未来の世界はどうなるのかということだと思います。マルクスは資本主義の未来をどのようなものとして望見していたのか。石川先生が引かれたマルクスの言葉を手がかりにして以下に私見を述べてゆきたいと思います。

「洪水は我れ亡きあとに来たれ！（Après moi le déluge!）これがあらゆる資本家と資本国家の合言葉である」（『資本論（第一巻上）』、今村仁司他訳、筑摩書房、２００５年、３９５ページ）

今回の僕の論考は全編この言葉をめぐるものになります。「大洪水」とは何のことかという話です。

∇マルクスが「大洪水」に込めた意味

資本主義が今のようなまま暴走を続けていれば、いずれ破局的な事態が訪れる。そのことは資本家たちも何となくわかってはいる。けれども、それは「我れ亡きあと」である。自分が死んだあとのことなんか知らない。だから、今のところは「大洪水」とはいかなるものであるかについて想像力を行使することもしないし、その到来を阻止するためにどうすべきかを考える気もない。この虚無的な構えのうちには、資本主義システムに最適化した人間の時間意識と倫理の劣化が二つながら深く刻み込まれていると思います。

フランス語であるところから分かる通り、もとはフランス史に登場する文句です。戦いで大敗を喫したルイ15世に対して、愛人のポンパドゥール夫人が「これから訪れる破局的事態のことなんか考えなくてもいいのよ」と激励したのが出典だそうです。それ以後、ブルボン王朝の国王の「座右の銘」になったとか。

「大洪水」はルイ15世の場合は局地的な戦闘の敗北に続く最悪の事態（ブルボン王朝の瓦解）のことを意味していましたが、果たしてマルクスは「大洪水」という言葉で何を思い描いていたのでしょうか。それは恐慌とかクーデタとかゼネストとか、そういう想像可能なものではなく、もっと壮絶で、もっと根源的で、資本制生産様式のすべてを、国民国家も、階級関係も全部洗い流してしまうようなスケールの破局のことではないかというのが今回の書簡における僕の仮説です。

▽「鉄鎖」以外にも失うものがあった

「大洪水」という言葉は『資本論』の中の労働日についての考察の中で出てきます。つまり、「大洪水」というのは、労働力の再生産について考察するうちにマルクスの脳裏に浮かんだ言葉です。

おそらくマルクスが「大洪水」と呼んだのは「肉体的、精神的衰弱、早すぎる死、過剰労働による虐待」がある限度を超えて、労働者が疲弊し果て、再生産する能力さえ失い、労働価値を生み出す能力を失い、資本家が労働者らから収奪できなくなる極限的な状況のことを指すのだと思います。

重要なのは「再生産する能力さえ失う」ということです。「プロレタリア」という言葉の語源はラテン語の proletarius ですが、これは proles「子孫」の派生語です。古代ローマ時代には「自分の子ども以外に富を生み出す財産を持たない」ことを唯一の属性とする最下層市民がおりました。彼らは国勢調査のカテゴリーで「プロレタリウス」と呼ばれたのでした。

「鉄鎖の他に失うものを持たない」と言われるプロレタリアですが、実は「鉄鎖」以外にも失うものがあったのです。「子ども」です。どれほど悲惨な社会的条件下に置かれても、どれほどの貧困のうちにあっても、人間は子どもを生むことだけは決して止めない。そのことは古代から現代に至るまで、一度も疑われたことがありませんでした。

その「一度も疑われたことがないこと」が起きる。それがマルクスの言う「大洪水」ではないのでしょうか。つまり、子どもを産むことさえできない労働者たちの登場です。あまりに苛烈な収奪の結果、労働者が生物学的に再生産することさえできなくなること。収奪し過ぎたために、ついに収奪する資源そのものが枯渇すること。それはまさしく資本主義にとっての「大洪水」に相当するはずです。

エボラ出血熱のような毒性のきわめて強い感染症は世界的なパンデミックになりません。毒性が強すぎるせいで、感染した患者が外で誰かに感染させる前に息絶えてしまうからです。毒性が強すぎることがウイルスにとっては自滅的に働く。それと同じことが資本主義についても起こるかも知れない。資本主義がその猛威を極限までふるう時、つまり、労働者にとっての毒性が最大化した時に、収奪すべき相手が再生産を停止して、資本主義そのものが自滅する…。そのような地質学的スケールの破局をマルクスは「大洪水」と呼んだのではないか。僕はそう思うのです。

∇これまでは世界のどこかに収奪する対象がいた

マルクスの天才性はさまざまなかたちで発現されましたが、「誰も思いつかないような途方もない未来を思いつく」という点においても彼は間違いなく19世紀最大の幻視家《ヴィジオネール》の一人でした。マルクスの脳裏に浮かんだような「大洪水」をリアルに想像できた人はおそらくマルクスの同時代にはいなかったと思います。いなくて当然です。そのような事例は過去に一度も存在したことがなかったからです。

とりあえず資本主義について言えば、かつて一度も「収奪し過ぎて、収奪する対象そのものが死滅する」という事態には遭遇したことがありません。それは世界のどこかに必ず収奪されるべき人々がいて、つねに増殖し続けていたからです。

マルクスが『資本論』を書いていた19世紀の英国はほとんど異常とでも言ってよい「人口爆発」期にありました。19世紀の百年間で英国の人口は１１００万人から３７００万人に3・4倍に増加しました。１８００年に96万人だったロンドンの人口は１９００年には６４８万人になりました。１００年間で６・75倍に増加した計算になります。

マルクスが目の当たりにしていたのはそういう世界です。過去２００年間ひたすら人口が増え続け、その増加スピードがさらに加速し続けていた社会です。人口爆発と「囲い込み」によって「お前の替えなんかいくらでもいるんだ」と言い放つ権利を資本家たちが手に入れた時代です。

前便に書いた通り、英国での人口過剰状態はある程度までは人為的に創り出されていました。でも、資本家たちは決して嘘をついていたわけではありません。事実「替えはいくらでもいた」のです。そして、そのせいで、雇用条件は劣化し、労働者たちの健康は悪化し、平均寿命は短くなった。前便でも引きましたけれど、マルクスの時代のマンチェスターの労働者の平均寿命は17歳、リバプールでは15歳でした。

「マンチェスターの保健衛生官、ドクター・リーが確認したところによれば、この都市の有産階級の平均寿命は38歳であるが、労働者の平均寿命はわずか17歳である。リヴァプールでは前者が35歳、後者が15歳である。したがって特権階級の寿命は、より恵まれない市民同胞の二倍以上に達するということにある」（『資本論（下）』、395ページ）

▽貧しければ貧しいほど子どもを産んだ

労働者たちは5歳、6歳という頃から過酷な環境で働かされて、10年ほど収奪され尽くした後に短い一生を終えました。にもかかわらず、資本主義は止まることなく発展した。それは労働者たちが十代でその短い生涯を終えても、それを上回るペースで子どもが生まれていたからです。だからこそ、マルクスは「いかなる生産手段をも持たない労働者」をあえて「子どもという富だけは持っている最下層市民」を意味する「プロレタリア」という語で言い表したのだと思います。それは貧しい階級ほど多くの子どもを産むという事実が目の前にあったからです。

まことに理不尽な話ですが、それがマルクスの時代のリアルでした。農村から都市に流入する過剰人口が「自由に使える労働力の汲めどもつきぬ泉を資本に提供」するのですが、「最長の労働時間と最低の賃金」を特徴とするこの過剰人口が「資本特有の搾取分野を支える幅広い基盤」となっていました（同書、397ページ）。

なぜか労働者たちは貧しければ貧しいほどたくさんの子どもを産みました。マルクスは脚注の中で、「貧困は生産に有利なように思われる」というアダム・スミスの言葉や「**窮乏は**、餓死や疫病といった極限にいたるまで、**人口増加を抑制するよりはむしろ促進する**」というサミュエル・レイングの言葉を引用しています（同書、３９７～８ページ。太字による強調はマルクス、以下同じ）。
むろんマルクスはスミスやレイングの命題に同意するために引用しているわけではありません。それはマルクスとっては受け容れがたいことでした。でも、現実はまさに書かれていた通りなのです。

「**じっさい出生数や死亡数のみならず、家族構成員の絶対数もまた、労働賃金に逆比例する。すなわちさまざまなカテゴリーの労働者が自由にできる生活手段の量に逆比例する**」（同書、３９７ページ）

賃金が低いほど子どもが増える。生活手段が乏しいほど子どもが増える。それが１８６０年代英国社会の実相でした。さすがに怜悧なマルクスもこの事実をうまく説明することができません。やむなく、次のような感想を述べるにとどめています。

「**資本制社会のこの法則**は、未開人のあいだでは、あるいは文明化した植民地人のあいだでさえも不合理に思えるかもしれない。それは個体としては弱く攻撃を受けやすい動物種が大量に

種を再生産するのを思い出させる」（同書、397ページ）

▽「法則」ではあるが「あってはならない事実」

たしかに、食物連鎖の頂点にいる「強い」種は子どもをそれほど産みません。逆に他の動物の餌になる「弱く攻撃を受けやすい動物種」であるイワシのような魚類の場合は子どもがほとんど生き残らないので、種の保存のために大量に再生産します。

でも、このような説明はいくら「合理的」に見えても、そんな説明をマルクスは受け容れるわけにはゆきません。資本家が「捕食する種」であり、プロレタリアが「捕食される種」であるということを認めるということは、資本主義を生物学的な必然として受け入れ、現在の階級関係を自然史過程として承認することになるからです。

「窮乏は人口増加を抑制するよりはむしろ促進する」と書いたサミュエル・レイングは別にアイロニーを弄したわけではありません。レイングは英国の鉄道経営者であり、国会議員であり、インドの財務大臣を務めた人でした。資本主義の実践者でありかつ受益者だった人です。ですから、この言明は彼にとっては客観的現実であると同時にまた「望ましい現実」を叙したものでもあったわけです。マルクスはその言葉を、たしかに現状を正しく記述したものとして引用しましたけれど、決してこれに同意を与えたわけではありません。

マルクスはこれが「資本制的蓄積の一般法則」（同書、３９９ページ）であることを苦々しく認めます。「その法則は、資本の蓄積に対応する窮乏の蓄積をもたらす。したがって、一方の極における富の蓄積は、同時にその対極、すなわち自分自身の生産物を資本として生産している階級の側における窮乏、労働苦、奴隷状態、無知、残忍化と道義的退廃の蓄積である」（同書、３９９ページ）ことを認めます。でも、それは、マルクスにとって、客観的事実であると同時に「あってはならない事実」でもありました。

『資本論』を書いている時のマルクスの周りには、階級の二極化と階級間の敵対を「一般的自然法則」であり、そうである以上人為の介在する余地はないと考える人たちが多く存在していました。

「ある人びとが巨大な富をもつということは、それよりはるかに多くの人びとから必要物を絶対的に奪い取るということがつねにつきまとう。一国の富はその人口に対応し、その貧困はその富に対応する。ある人びとの勤勉は、他の人々に無為を強要する。貧者と無為者は富者と勤労者が必然的に生み出す果実である」（同書、４０１ページ）

これは『資本論』の脚注に出てくる言葉ですが、むろんマルクスの言葉ではありません。18世紀ヴェネツィアの僧侶オルテスの言葉です。オルテスはこの「一般的自然法則」を改められるとも、改めるべきだと思ってもいませんでした。

「それゆえに社会のもっとも下賤で、不潔で、下等な機能を果たす人が必ずいくばくか存在するということ、これは一つの自然法則であるように思える。人間の幸福の原資はそれによってきわめて増大している」（同書、401ページ）

これは英国の牧師タウンゼントの言葉です。

「貧しい国とは、民衆が安楽に暮らしている国のことであり、豊かな国とは民衆が一般に貧しい国のことである」

これはフランスの啓蒙思想家デステュッド・ド・トランシーの言葉です。そのような現実を是とするか非とするかは脇において、これらの言葉はどれも19世紀ヨーロッパの現実をリアルかつクールに記述していました。

▽マルクスは「司馬遷みたいな人」だ

一方の極に少数の資本家がおり、他方の極に圧倒的多数のプロレタリアがいる。権力と財貨と文化資本は一方の極に排他的に占有され、貧困、抑圧、隷属、堕落、搾取は他方の極に排他的に蓄積される。そして、多くの人はこの状態がたぶんこのまま継続するだろうと思っていた。それが資本主義の「自然史過程」であるなら、誰もそれに逆らうことはできない。わが「リアリスト」たちと同じことを19世紀の人たちもまた考えていたのでした。

それに対して、マルクスは「こんなこと」はいつまでも続くべきではないし、続くはずもないと考えていました。あまりにも理不尽で、あまりにも非人道的だからです。

でも、「理不尽で非人道的な制度はいずれ命脈が尽きる」という命題は人間的ではありますが、科学的ではありません。どんな制度であっても、それが歴史的条件によって生成したものである限り、それが良きものであれ悪しきものであれ、いずれ条件が変われば、命脈が尽きて消え去りますが、まことに残念ながら、「条理にかなった、人道的な制度だけが生き残り、そうでないものは歴史によって淘汰される」ということは事実ではありません。

司馬遷《しばせん》は『史記』の列伝を「伯夷叔斉《はくいしゅくせい》」の逸話から書き起こしました。それは伯夷叔斉のような有徳の人が窮死し、盗跖《とうせき》のような極悪人が天寿を全うすることを不条理だと感じたからです。「天道是か非か」と司馬遷は問いかけました。それは天然自然の摂理には人間的な基準からすれば合理性がないと感じたからです。歴史家は歴史的事実の評価を歴史に委ねてはならない。司馬遷はそう考えました。歴史家は、おのれの実存をかけて、おのれの人間的基準に基づいて歴史的事実の理非正邪を明らかにしなければならない。

これは歴史に向かう姿勢として正しいと僕は思います。自分が関与せずに、放っておいても歴史は天理に従って、真理が全体化する不可逆的な過程であると歴史家は思うべきではない。歴史家の仕事は、歴史の恣意性・迷走性を認め、それに抗って、「生き残るべきもの」を擁護し顕彰し、「生き残るべきではないもの」を批判することである。司馬遷はそう考えました。

僕はマルクスを「司馬遷みたいな人」だというふうに考えています。たぶんそう聞いたら、おおかたのマルクス主義者はびっくりするでしょうけれど。

∇必要なのは非人道的なシステムが廃絶される歴史的条件の解明

マルクスの目の前には、労働者たちが窮乏し、資本家たちが富を独占しているという「あってはならない現実」がありました。そして、それを「自然法則である」と考えることがむしろ時代の常識でした。「天道是か非か」とマルクスも天に向かって詰問したかったでしょう。でも、現実が「悪しきもの」であるということをいくら言挙げしても、それは現実をありのままに記述しているだけです。どれだけ資本主義の非を列挙しても、資本主義は廃絶しません。非を論《あげつら》っているだけでは、資本主義がいつどのようにしてその命数を終えるのかを言うことはできませんし、この現実を変革するための実践的なプロセスを提案することもできません。

『資本論』は、マルクスの著述でありながら、半分近くは他の人の本や研究からの引用です。引用の過半は資本主義がどれほど忌まわしいものであるかを克明にレポートしたものです。でも、その事実から知れるのは、これだけ多くの人が、長きにわたって、怒りに震えて、資本主義がどれほど忌まわしいものであるかを記述してきたにもかかわらず、現実はほとんど変わらなかったということです。

だから、ただ現実を記述するだけでは十分ではない。それはマルクスにも骨身にしみてわかっていたと思います。それ以上のことをしなければならない。なぜ、このような不条理で、非人道的な経済システムが形成され、現に繁昌しているのか、そしてそれが廃絶されるとしたら、どのような歴史的条件が満たされた時か。それを語らなければならない。

これは想像するだに困難な仕事だったと思います。現に、48年の市民革命やルイ・ボナパルトのクーデタやパリ・コミューンの事例が教えているように、人道的で、志の高い、理性的な政治行動であっても、資本主義はそれを物理的に圧殺することができ、逆に、条理の通らない、非人道的で、卑しい動機に駆動された政治工作であっても、資本主義が支援するものは成功してきた。この理不尽な「天道」がマルクスの眼前の現実でした。

資本主義の欠陥をいくら列挙して、どれほど長い「犯罪」リストを作っても、それだけでは資本主義はびくともしない。どれほど「政治的に正しい」組織を創り上げても、それが過激なものであれば資本主義はそれを圧殺し、それが穏当なものであれば資本主義に取り込まれる。マルクスが「大洪水」を口にするに至ったのは、そのような「八方ふさがり」のうちにおいてでした。

2、人口が増加しない時代への予測

▽目の前にあるのは資本主義が永続するという兆候ばかり

『資本論』を読むと、資本主義がどれほど悪しきものであるかはよくわかります。でも、それが「悪しき制度」であるということからその制度は短命に終わるであろうと推論することはできません。「悪しき制度」の受益者ばかりか、その受難者たちでさえもが、「現実化したものには現実化するだけの歴史的必然性があった」という(ヘーゲル主義的な)推論のうちに止まっていたのです。せいぜい、悪しき制度の受益者の地位を奪い取り、取って代わる以上のことを望んではいなかった。

この現実を変えるためには、「この現実は変わる」という言明を、道徳的な良否の判断とは別のレベルで、論理的に導出する必要があった。全知全能をあげて、「資本主義は終わる」ということを論理的に証明する必要があった。だから、マルクスは『資本論』を書いた。ここまでの理路には石川先生も同意してくださると思います。

僕はこのマルクスの責務の感覚を尊いと思います。マルクスは資本主義が終わる道筋を現実観察から導出したわけではありません。石川さんが書かれているように、マルクスは最初のうち恐慌によって資本主義が終わると思っていました。恐慌は「資本主義がもはやその下で発達した生産力に照応しなくなった、あるいはそれを制御することができなくなった、もはや爆破されるしかない段階に達したことを象徴するもの」とマルクスは信じた（信じようとした）。でも、現実はマルクスの予測を裏切りました。「恐慌は資本主義の末期現象などではなく、反対に資本主義の平凡な日常の一コマにすぎな」かったのでした。ですから、マルクスはある時点で、経済過程の歴史的な推移そのものが自動的に資本主義の末期を呼び寄せるだろうという楽観論を放棄することになった。そうせざるを得なくなった。

マルクスの目の前にあるのは資本主義の底なしの非道とその堅牢性と永続性の徴候ばかりです。資本主義は廃絶しなければならない。だが、その理論は現実からは導出できない。目の前にあるのは「資本主義はいつまでも栄えるであろう」という予言を裏付ける証拠ばかりです。そうである以上、あらんかぎりの想像力と論理力を駆使して、資本主義廃絶の道筋は創造されなければならない。

▽生身の人間は法則性から逸脱できる

先ほど僕はマルクスは「ヴィジョナリー」だと書きましたけれど、この点についてはカール・マルクスは必ずしも科学的な人ではなかったと僕は思います。科学というのは目の前にあってランダムに生起しているように見える現象の背後に数理的で美的な法則が隠されていることを直感することです。そして、マルクスの目の前にあって生起している現象はすべてが「資本主義の弥栄《いやさか》」と「プロレタリアの絶対的困窮」という「数理的法則」が万象の背後ですべてを統御しているという「真理」を開示しているように見えました。資本主義の「弔鐘」が鳴り、「収奪者が収奪される」大転換が起きる徴候はどこにもない。

資本主義が自ら進んで資本主義的であることを止める可能性はありません。ゼロです。でも、プロレタリアが「プロレタリア的であることを止める」可能性はあります。資本主義は「制度」ですが、プロレタリアは「生身」だからです。制度は法則性に従う。でも、生身の人間は感情に動かされ、妄想に浮足立ち、イデオロギーに熱狂して、法則性から逸脱することができる。

プロレタリアの唯一の条件は「子ども以外にはいかなる富をも持たない」ことでした。窮乏すればするほど、搾取されればされるほど増殖するという「宿命」です。でも、この「プロレタリア」性がもし幻想的・観念的なものであるならば、あるいはプロレタリア自身の自己決定によって変更しうるものならば、未来は変わる可能性がある。「子ども以外に失うべきものを持たない人々」を「鉄鎖以外に失うべきものを持たない人々」にカテゴリー変更できれば、その時に資本主義体制の「弔鐘」が鳴り響くかも知れない。
マルクスの言う「大洪水」というのは、労働者たちが収奪され続けたその極限において、「子どもという富さえ持てなくなった真正の無産者」に転化する事態のことではないかというのが僕の仮説です。

∇人口の増加は疑えない前提だった

もう一度確認しますが、マルクスが「大洪水」という言葉を使ったのは労働日についての章でした。労働力の再生産が主題になっているところにおいてです。マルクスは「大洪水」という言葉が出てくる直前にこんなことを書いています。

「資本家たちが経験から一般的に分かっていることは人口はつねに過剰状態にあること、すなわち資本家のそのときどきの増殖欲求に比べれば相対的に過剰状態にあるということである。むろんこうした過剰人口の流れは、栄養状態が悪く短命で、やつぎばやに世代交代し、いわば未熟なまま摘みとられる人間世代をつなぎあわせてできたものにすぎない」（同書、３９４ページ）

そうなんです。「やつぎばやに世代交代し、いわば未熟なまま摘みとられる人間世代をつなぎあわせて」プロレタリアートは形成されていた。たしかに、人口爆発期の英国においては、そのような非人間的な曲芸が可能でした。しかし、そんなことがいつまで続くのか。マルクスは、人口爆発がいつか、何らかの理由で停止する可能性を、漠然とではあれ、「あり得る」と考えていたのだと思います。果たして、どのような条件が整えば、それが起こるかはわからないままに。

同時代の資本家の中にも、思想家の中にも、この人口爆発がいつか終わる日が来ると考えている人間はいませんでした。黒死病のような例外的事例を除けば、人口はひたすら増え続けるものであるというのが経験的事実だったからです。それを覆すようないかなる歴史的事例もヨーロッパの人々は知らなかった。

資本主義は人口がつねに過剰状態にあることを前提に制度設計されたシステムですが、別にそれは妄想や願望の上に制度設計されていたわけではありません。ブルジョワ思想家たちにとっても、資本家にとっても、労働者自身にとっても、右肩上がりの人口増は不可疑の現実でした。そして、歴史的経験は、人口過剰状態を維持するためには、労働者たちをひたすら収奪し、絶望的な貧困のうちに叩き込むのが最も効果的な手立てであると教えていたのでした。

「資本の関心はただ一つ、一日の労働日に活用できる労働力の最大値だけである。資本は**労働力の寿命を切りつめること**によってこの目標を達成する」（『資本論（第一巻上）』、３８９ページ）

資本制労働は「労働日の延長によって人間労働力を委縮させ、労働力から正常な道徳的、肉体的発達条件と活動条件を奪う」。それはまた「**労働力そのものの早すぎる消耗と死滅を生み出す**。資本制労働は労働者の**寿命**を短縮することによって与えられた期間内での**労働者**の生産時間を延長する」（同書、３８９ページ）。

∇奴隷は長生きさせないことが合理的判断だった

論理的に考えればまことに非合理です。労働者個人の寿命が短縮されれば、消耗した労働者を頻繁に補充する必要が生じるからです。その補充コストは果たして収奪した価値に見合うのか。しかし、驚くべきことに、経験は「見合う」と教えていたのです。

アメリカにおける奴隷労働の例をマルクスは挙げています。ふつうに考えれば奴隷が長生きすることは主人の利益と一致するはずです。でも、奴隷貿易がさかんになり、奴隷の補充コストが減価すると、奴隷の長生きと主人の利益の間に相反が生じます。奴隷を長生きさせることに要するコストよりも、奴隷を使い倒すことで得られるベネフィットが大であるということになれば、奴隷所有主にとっては奴隷を長生きさせないことが合理的な経営判断になる。

「国外の黒人地域から代わりが補充できるとなると、とたんに**奴隷が長生きすることよりも奴隷が生きている間の生産性の方が重要になる**からである。それゆえ最高の経済効率はできるだけ短時間にできるだけ多くの労働を人間家畜からしぼり出すことにある、というのが奴隷輸入国における奴隷経済の一格言となる」（同書、390〜391ページ、マルクスによるケアンズ『奴隷力』からの引用）

その結果、奴隷労働が行われている国では、「粗悪きわまる栄養と極度に過酷な絶えざる労働に加えて、**過重労働、睡眠と休息の不足などの緩慢な拷問によって**、その多くが毎年一直線に死へと向かう奴隷階級の惨状である」（同書、391ページ、同前）。

ケアンズの『奴隷力』からのこの二つの引用に続いてマルクスは読者に向かってこう告げます。

「名前こそ違え、ここに語られているのは君自身のことである」（同書、391ページ）

▽日本でも事情は同じである

これは現代日本の労働者についても言えることだと思います。外国人技能実習生の非人道的な労働環境はここに語られていることとさほど変わりはありません。先日、ある外食産業での労働時間について、毎日新聞２０２２年8月7日号は「ある従業員は昨年12月29日午前5時半に出勤し、午後1時から30分間だけ休憩したが、30日午前5時まで23時間勤務した。一旦退社した形を取り、すぐに同日午前5時から再び勤務し、正午から30分間休憩を取ったが、31日午前5時まで23時間30分働いていたとの記録が残っている」と伝えていました。

ご覧の通り、「ここに語られているのは君自身のこと」であるというのは修辞ではありません。この日本の労働者の就労状況は１８３３年の英国の工場法が定めた「通常の工場労働日は朝5時半に始まり、夜8時半に終わるべきものとされる」という限界を軽々と超えるものでした。つまり、資本制生産が「急速に、また深く、民衆の生命力の根幹を痛めつけ」ることで生き延びているという構造は１５０年前の英国と現代日本の間に本質的な差異はないということです（同書、３９５ページ）。

日本でこういう雇用環境が放置されている（どころか推奨されている）のは、「労働者を収奪すればするほど人口は供給過剰になる」という資本主義の信仰箇条を資本家たちがいまも持ち続けているからです。人口過剰がもはや現実ではなくなった人口減社会においてさえ、資本家たちがまだ労働者を収奪することを止められないのはそのせいです。

マルクスの卓越性は「大洪水」という言葉で「人口減少」の可能性を予見したことにあると僕は思います。マルクスと同時代の人の中で、資本主義先進国での人口減少を「あり得る」と考えた人はたぶんマルクスただ一人でしょう。

思い出して欲しいのですが、人口問題というのは20世紀末までは「人口過剰」のことでした。「人口問題」という語にそれ以外の意味があったことはありません。1972年にローマクラブが発表した「成長の限界」と題された研究報告書は「このまま人口増加による環境汚染が続けば、100年以内に地球上の成長は限界に達する」と警告しました。しかし、資本家たちは人口爆発がいずれ経済成長の阻害要因になるという警告には何の関心も示しませんでした。なにしろ「洪水の到来は100年後」と期限を明記してくれたんですから。「我れ亡きあと」であることが保証された以上、資本家たちがどうして人口増と環境汚染を止めるために行動する必要がありましょうか。

僕たちはいま長期にわたる人口減少という人類史上はじめての事態を前にしています。それは資本家たちの経験則に従う限り決して起こるはずのないことでした。何しろ久しきにわたって統計は「賃金を引き下げるほど、出生数は増える」と教えていたからです。だから、「産めよ殖やせよ」という政策的課題を掲げた国は、どこでも労働者の雇用環境をできるだけ劣悪なものにすることによってそれを達成しようとした。

その中にあってマルクスは例外的に「いつか人口減少が始まる」ことを予見していました。それは歴史的経験から帰納的に推理されたことではありません。「ヴィジョン」として脳裏に浮かんだ。

▽マルサスは人口増加が止まる可能性を指摘

当時人口についての論考のうちおそらく最もよく読まれたのはマルサスの『人口論』（１７９８年）だったと思います。少し寄り道になりますが、マルクスの「ヴィジョン」の特異性を際立たせるために、マルサスの知見を一瞥しておきたいと思います。

マルサスは彼の人口への次のような言明から書き起こしています。

「私が思うに、つぎの二つは自明の前提にしてもよかろう。
第一に、食糧は人間の生存にとって不可欠である。
第二に、男女間の性欲は必然であり、ほぼ現状のまま将来も存続する」（マルサス、『人口論』、斎藤悦則訳、光文社古典新訳文庫、２０１１年、29ページ）

しかるに、「人口が増える力は、土地が人間の食糧を生産する力よりもはるかに大きい。人口は何の抑制もなければ、等比級数的に増加する。生活物資は等差級数的にしか増加しない」（同書、

30ページ)。だから「生存の困難が人口の増加をたえず強力に抑制するのである」(同書、31ページ)。マルサスは「人口増加が止まる」可能性にここで言及しています。それは「生存の困難」です。平たく言えば「飢餓」です。

動植物の場合でしたら、ある範囲内に棲息できる個体数は自然の法則で決まっています。環境の扶養能力を超える数の生物が生まれた場合には、過剰な個体は空間と養分の不足によって淘汰され、個体数は調整されます。でも、人間の場合、話はそれほど単純ではありません。人口抑制には生存の困難の他に理性と悪徳という要素が関与するとマルサスは考えました。

食糧生産が人口増加に追い付かないと「貧困は不平等な社会においては人口の大部分に、そして平等な社会においては人口の全体におよぶ」(同書、44ページ)。たしかに英国の現実は「貧しいひとびとはさらに貧しくならざるをえず、彼らの多くは赤貧の状態に追い込まれる」(同書、40ページ)というマルサスの言明を支持しています。

▽マルサスもまた強い怒りを感じていた

ここで理性の出番です。「この困窮の時期においては、結婚することへのためらい、家族を養うことのむずかしさがかなり高まるので、人口の増加はストップする」(同書、41ページ)。「生まれる子どもに食べ物を与えられないなら子どもを産むべきではないのではないか」、「自分の社会的地位が下がるのではないか」、子どもたちが成長しても「自立もできなくなり、他人の施しにすがらざるをえないまで落ちぶれるのではないか」といった心配事があるせいで、文明国の理性的な若者たちは「自然の衝動に屈服するまいと考えるし、実際に屈服しないでいる」（同書、37ページ）とマルサスは書いています。なんだか現代日本のことを書かれているような気がして、暗い気持ちになります。

次が悪徳の出番です。マルサスの言う「悪徳」とは、第一には自分の生活レベルを維持するために、あるいは家族を扶養する面倒を避けるためにあえて独身のままにとどまり、性欲の処理は「女性にかんする不道徳な習慣」に委ねる男たちの生き方のことです。その他に大都市の不衛生な住環境、不健康な労働環境、感染症、そして戦争が人口増加を抑制する「悪徳」として機能しているとマルサスは考えました（同書、86ページ）。（これもなんだか現代世界のことを書かれているようです）。

つまり、食糧不足以外に、大人たちが自分の生活レベルを下げることを忌避したり、子どもも将来を心配したり、性欲処理のための「悪場所」が整備されていたりすると、人口増加は抑制される。マルサスはそう考えたのでした。

英国の人口推移についてのマルサスの予測は次のようなものです。もし仮に１８００年の人口７００万人と食糧生産が均衡していたとすれば、１８５０年に人口は４倍の２８００万人になるが食糧生産は３倍の２１００万人分しか備給されないので、７００万人が飢えることになる。

1900年には人口は16倍の1億1200万人になるが、食糧は3500万人分しかないので7700万人は「まったく食物にありつけないだろう」(同書、37ページ)。だから、そうならないように、必ずどこかで貧困と理性と悪徳が人口増を抑制するはずである、と。

マルサスの予測は当たったというべきか、外れたというべきか、どちらなんでしょう。現実には、英国の人口はマルサスの時代から100年間で3・4倍になりましたが、16倍にはならなかった。「人口は等比級数的に増加する」というマルサスの命題そのものが十分な科学的根拠のないものだったということなのです。それでも、その増加ぶりはたしかに「人口爆発」と呼ぶにふさわしいものでした。そして、「貧しいひとびとはさらに貧しくならざるをえず、彼らの多くは赤貧の状態に追い込まれる」という点についてはマルサスの予測は当たりました。

マルサス自身は一保守思想家として英国が繁栄するためには人口増が必要だと考えていました。だからこそ人口増を抑止するファクターを特定しようとしたのです。それが生存の困難と取り越し苦労と悪徳であるならば、「国の食糧生産を増やせ。そして、労働者の生活を改善せよ。そうすれば、人口の増加がそれに比例して起こることには何の心配もいらない。これ以外の方法によって目的を達成しようとするのは、有害であり、残酷であり、暴虐である」(同書、109ページ、強調はマルサス)とマルサスは主張しました。

むろん資本家たちは「食糧増産」はともかく「労働者の生活改善」には全く関心がありません。

ですから、いずれ災厄が到来するにしてもまずは「悪徳」が先陣を切る。「悪疫」が「数千、数万の人命を掃討する」。そして、「それでも成果が不完全な場合」には、「とても刃向かえない大飢饉」が到来し、その強力な一撃で、「人口を世界の食糧と同じレベルに押し下げる」(同書、１１２ページ)。食糧供給が過剰人口を養い切れない時には、貧しく弱い人々から順番に餓死し、人口調整が果たされる。そういう展開になるだろうとぼんやりは予測していたのだと思います。

でも、もちろん資本家たちはこの破局的事態が「すぐ間近に迫っている」ことを信じず、「そこから生じる困難をはるか遠い未来のかなたのことのように」思いなしておりました。そのことにマルサスもまた強い怒りを感じていたようです(同書、１１４ページ)。彼の目に同時代の人たちは「大洪水」の到来を想像してさえしない愚物に見えたのでしょう。

3、資本主義が終焉する歴史的な条件はここにある

∇社会が強制しない限り資本による収奪は終わらない

マルサスの人口論には資本主義についての分析も階級関係についての分析もほとんどありません。人口問題の解決策を人間の自由意思に丸投げしている点で、マルサスの人口論は、マルクスに

とっては論ずるに足りないものだったと思います。でも、二人は、このまま手をつかねていれば、いずれ破局的事態が到来するだろうという不吉な予感だけは共有していました。英国の資本家たちは、労働者をどれほど収奪しても人口は増え続け、労働者人口はつねに過剰であるだろうという楽観的な予測のうちに安住していました。でも、その確信はいずれ覆る。マルクスはこう予測しています。

「将来の人類の衰弱や、結局はとどめようのない人口減少が見込まれるからという理由で資本が実際の運動を抑制するというのは、いつか地球が太陽のなかに落下する可能性があるという理由でそうするのとどっこいどっこいの話である。いかなる株式投機においても雷はいつか落ちるにちがいないということは全員が知っている。しかしその全員が、雷は自分が黄金の雨をたっぷり受けて安全に逃げおおせた後で隣の人の頭上に落下するだろうと思っている」（マルクス、前掲書、３９５ページ、強調は内田）

この文章の後に、「『洪水は我れ亡きあとに来たれ』これがあらゆる資本家と資本家国家の合言葉である」というあの有名なフレーズが続くのです。

僕たちは人間がいつか死ぬことは知っています。でも、「とりあえずそれは今日ではなく、死ぬのは私ではない」という無根拠な確信のうちに安らいでいる。それと同じです。「労働者を収奪すればするほど労働者人口は増え続ける」という命題が真であるのはある限度までです。収奪がある限界を超えると、労働者は再生産する能力さえ失う。ですから、「こんなことがいつまでも続くはずはない」と資本家たちだって知っている。でも、「大洪水が来るとしても、それはとりあえず今日ではなく、私の身にではない」ということについては無根拠な確信があった。「資本家たちが**経験から**一般的に分かっていることは人口はつねに過剰状態にあること」です。ですから「いつか」人口が減るかも知れないということは可能性としてはあり得ても、それは経験からは決して帰納的には推論されない。

「だからこそ資本は**社会によって強制されない限り**、労働者の健康と寿命に配慮することはない。肉体的、精神的衰弱、早すぎる死、過剰労働による虐待についての訴えに資本はこう答える。その苦しみがわれわれの喜び（利潤）を増しているからといって、どうしてその苦しみがわれわれを苦しめる必要があるのかと」（同書、３９５ページ、強調はマルクス）

社会によって強制されない限り資本による労働者の収奪は終わらない。これはほんとうにその通りなんです。この「社会による強制」を、ふつうの読者はプロレタリア革命による資本主義の終わりのことだと思って読むと思いますけれど、前段までの論の流れを見ると、マルクスはここに「人類の衰弱」と「人口減少」を含めていたように僕には思われます。

▽ある時期まではマルクスは「生産力至上主義」

マルクスはある時期までは、生産力が増大するにつれて、周期的な恐慌が起こり、資本主義は自壊すると考えていました。だから生産力を増大させることがそのまま革命を準備することであるという「生産力至上主義」的な傾向があった。それは『共産党宣言』の中に例えば次のような箇所に如実に表れていました。

「近代市民社会は、自分で地獄の魔力を呼び出しておきながら、それをもはやコントロールできなくなった魔法使いのようなものである。この数十年来、産業と交易の歴史は、現代の生産関係に対する生産力の反逆、ブルジョワジーとその支配の生活条件である所有関係に対する生産力の憤怒に満ちた反抗以外のなにものでもない。定期的に到来して、市民社会全体の存立をそのつど前よりも強く脅かす商業恐慌のことを考えるだけで十分である」（『コミュニスト宣言』、今村仁司他訳、マルクスコレクションⅡ、筑摩書房、２００８）

「生産関係に対する生産力の反逆」、「生産力の憤怒に満ちた反抗」といった措辞から、マルクスが生産力の増大と革命とが併せて歴史的必然であると考えていたことが伺えます。「巨大になり過ぎた生産力」が「ブルジョワ的所有関係」の枠組みを破壊する。

「ブルジョワジーは、自分たちに死をもたらすことになる武器をみずから鋳造しただけではない。この武器を用いる男たちをも作り出したのだ。つまり、現代の労働者、つまりプロレタリアを生み出したのだ」（同書、３５３ページ）

マルクスの「生産力主義」はある種の「予定調和」的な願望を反映していました。資本主義が発展するにつれ、プロレタリアの収奪はさらに亢進し、プロレタリアには資本主義を倒す以外に生き残る術がなくなる。

「現代の労働者たちは、産業の進歩とともに上昇できる代わりに、自分たちの階級の生活条件よりもさらに下へ下へと没落して行く。労働者は窮乏の極みになり、人口や富の増大よりも窮乏の拡大の方が早い。だとすれば、明らかになることがある。それは、ブルジョワジーがこれからも社会の支配階級であり続けることはできないということである」（同書、３６０ページ）

「ブルジョワジーはなによりも自分たちの墓掘人を生み出しているのだ。ブルジョワジーの没落とプロレタリアの勝利はともに不可避なのである」（同書、361ページ、強調は内田）

▽マルクスの「ルンペン・プロレタリアート」論の問題

書き写していて、マルクスの修辞術の巧みさに思わず釣り込まれてしまいそうですが、残念ながら、これはマルクスの主観的願望であって、客観的事実ではありません。たしかに「富の蓄積」の対極に「貧困、労働苦、奴隷状態、無知、野蛮化、および道徳的堕落」が蓄積されたのは事実です。でも、労働者の過半が「自らを救うには労資関係を抜け出し、資本主義を超える以外にない」と肚を括って革命闘争に立ち上がるということは現実には起きなかった（散発的にはありましたが、どれも暴力的に弾圧されました）。

いくたびか革命の機会に遭遇しつつも、労働者の相当数はむしろ「旧社会の最下層がなすすべもなく朽ち果てて生じるルンペン・プロレタリアート」（同書、358ページ）という地位を選択し、プロレタリア革命のために立ち上がるどころか反動的な政策に進んで加担したのでした。いや、場合によっては反革命そのものでさえありました。

『ルイ・ボナパルトのブリュメール18日』でマルクスはルイ・ボナパルト自身を「ルンペン・プ

ロレタリアートの頭目」（マルクス・コレクションⅢ、横張誠他訳、２００５年、78ページ）、「君主（風）ルンペン・プロレタリア」（同書、80ページ）と呼んでいます。大統領であっても皇帝であっても「ルンペン・プロレタリアート」と同一カテゴリーに括り込まれるということは「ルンペン・プロレタリアート」というのは社会的身分ではなく、ある種の心性だということになります。心の持ちよう一つで、人はおのれの社会的身分を選ぶことができるということになります。

この「ルンペン・プロレタリアート」という定義の曖昧な語を使ったという事実のうちに、マルクスの階級意識論の最も脆弱な部分を僕は感じます。同じ階級に属し、同じ過酷な収奪の被害者でありながら、ある者は階級意識に覚醒して革命を志向し、ある者は反動化してブルジョワジーの利益のために行動する。にもかかわらず、この二者を分かつ外在的な歴史的条件は存在しない。

▽エンゲルスの「ブルジョワ的プロレタリアート」論の問題

これに似た定義の曖昧な語の使用はエンゲルスにも見られました。エンゲルスはマルクス宛ての書簡で英国のプロレタリアートは「ブルジョワ化している」と書きました。この衝撃的な言葉をレーニンは『帝国主義』に引用しています。

「イギリスのプロレタリアートは事実上ますますブルジョワ化しており、その結果、すべての国民のうちでもっともブルジョワ的なこの国民は、ついにはブルジョワジーとならんで、ブルジョワ的貴族とブルジョワ的プロレタリアートをもつところまでことをすすめたがっているように見える」（レーニン『帝国主義』、宇高基輔訳、岩波文庫、１９５６年、１７３～４ページ）

植民地主義の余沢に浴した英国のプロレタリアートはその階級的使命を忘れて、帝国主義・植民地主義に喝采を送る「ブルジョワ的プロレタリアート」に堕したというのは、たぶん歴史的事実としてはその通りなのかも知れません。でも、こういう言葉づかいは自制すべきだったと思います。こういう言葉づかいを許せば、プロレタリアートは本人の気分次第で「ルンペン」にもなれるし、歴史的条件次第で「ブルジョワ」にもなれるということになってしまうからです。「ルンペン・プロレタリアート」は収奪されているにもかかわらず階級意識に目覚めぬ労働者です。「ブルジョワ的プロレタリアート」は資本主義の「おこぼれ」に与っているせいで階級意識に目覚めぬ労働者です。つまり、プロレタリアとして階級意識を形成するかどうかは、畢竟《ひっきょう》するところ個人の決意にかかっているということになります。資本主義の理不尽と非道を前にした時に、それに耐えきれずに立ち上がる「まともな人間」と、それを甘受して無為に過ごす「ろくでもない人間」がいる。世の中にはいろいろな人間がいるということになると、これはもう階級理論としては成立しません。それなら、資本主義制度を分析するよりも、人はどういう条件によって「まともな人間」になったり「ろくでもない人間」になったりするのか、人性について研究をする方が話が早いということになります。

僕はこの点がマルクス主義の理論的弱点ではないかと思います。実は若い頃からそう思っていたのです。「ルンペン・プロレタリアート」とか「ブルジョワ的プロレタリアート」という言葉で便宜的に事態を説明してしまうと、むしろ「説明できないこと」が増えるばかりではないのか、と。

∇マルクスの歴史理論の生命線から見ると

学生運動にかかわっていた頃に「プロレタリア的自己形成」という言葉を時々耳にしました。もちろん「内田はプロレタリア的自己形成ができていない」という批判の文脈で使われた言葉です。彼らによると僕は「プチブル急進主義者」に過ぎず、僕が語る政治についての論は「プチブル」という出自がくろぐろと刻印されていて、無反省的にはその限界を超えることがないのだそうです。「だから、お前は階級的前衛に対して、真正なるプロレタリアートの脳裏には決して浮かぶことのない疑念や不信を抱くのだ」と叱責されたのでした。でも、彼らが言う「プロレタリア的自己形成」というのは、別に大学を退学して労働者になるということではなく、ただ学生身分のまま「心の持ちようを変える」という意味のようでした。そういう「気持ちの切り替え」のことを「階級意識に覚醒した」と呼んでよろしいのか…と僕は考え込んでしまいます。

少数の革命家による陰謀的な政体転覆という政治技術主義をマルクスは採りませんでした。僕はその点ではマルクスを支持します。革命的大衆はどこかに暗闇に潜んで陰謀の下絵を描いている「オーサー」によって操られるものではなく、おのれの心と直感に従って主体的に行動するものでなければならない。僕も心からそう思います。

だから、マルクスは恐慌であれ資本主義の発展であれ、労働者階級の全員がひとしくそこに投じられた歴史的与件のうちで、階級的利害をありありと自覚して一斉に立ち上がるということを信じた。そうでなければならないと信じた。それはよくわかるのです。歴史の転轍機を回すのは英雄個人ではなく階級全体でなければならない。これはマルクスの歴史理論の生命線です。歴史的与件とはかかわりなく、「まっとうな労働者」は革命に立ち上がり、「ろくでもない労働者」は立ち上がらないというようなことがあってはならない。それでは歴史過程を個人の責任に帰することになる。石川さんが引用していた通り、『資本論』序文でマルクスはたしかにそう断定していました。

「私の立場は**経済的社会的構成の発展**を一つの**自然史的過程**として捉えようとするものであり、他のいかなる立場と比べても、諸関係の責任を個人に負わせようとする発想からは遠い。いかに個人が主観的には諸関係を超えた存在だと感じていても、社会的には彼の方こそが諸関係によって作られた被造物でありつづけるのである」（『資本論（第一巻上）』、9ページ、傍点は内田）

個人は経済的社会的諸関係の「被造物」であり、決して「諸関係を超えた存在」であることはできないとマルクスはここで断言しています。でも、「内田はプロレタリア的自己形成ができていない」と僕を叱責した活動家はどうも部分的にではあれ「諸関係の責任を個人に負わせよう」としているようでした。

つまり、ブルジョワやプロレタリアは「社会的諸関係の被造物」であるので、個人にはどのような階級的立場を採るかの選択の余地がない。ブルジョワは生まれてから死ぬまでブルジョワ、プロレタリアは生まれてから死ぬまでプロレタリア。自己努力ではおのれの階級性から離脱できない。それなら話は簡単です。

▽自己決定によって責任を引き受ける個人という考え方

でも、僕のようなプチブルはそうはゆきません。「どちらの階級に帰属するかわからない」という事実そのものが「諸関係の被造物」の本性として刻印されているからです。つまり、プチブルというのは、ブルジョワ的に生きるか、プロレタリア的に生きるかの選択が個人の責任に帰されるような社会的身分なのです。

僕がこの問題に直面したのは、60～70年代の「一億総中流」つまり「一億総プチブル」の時代の日本社会の話です。つまり、ほとんどすべての国民が、自分はブルジョワとして生きるか、プロレタリアとして生きるかを主観的決意に従って選択しなければならない時代だった。まことに奇妙な言い方になりますけれど、僕のようなプチブルは、おのれが「諸関係を超えた存在」であると感じることを「諸関係によって規定された」存在だったというわけです。

でも、それこそが当時の僕の実感でした。人間は単なる「諸関係の自然史的帰結」ではない。そうではなく、自己決定によって、「諸関係の責任を引き受けることのできる個人へと自己形成することができる」という開放的なアイディアは僕の「プチブル的感性」にまことになじみのよいものでした。

事実、歴史が教えてくれているように、同胞たちが自由を享受し、幸福を追求できるようにと願って勇敢に戦った革命家たちの多くは、彼自身の自由や幸福を「あとまわし」にしました。ブルジョワ市民革命はすべての市民が私利私欲を追求できる社会を実現しようとする企てでしたが、その戦いに身を捧げた人たちはしばしば私利私欲よりも公共の利益を優先させました。「自分には他の人たちよりも多くの社会的責任がある」、「最も困難なミッションがあるとすれば、それは私が引き受けるべきだ」と考える人たちが革命闘争の先導者であった。これは間違いない歴史的事実です。英雄的個人が立ち上がった事例は無数に挙げることができますが、階級全体が同時に立ち上がったという事例は過去にありません。

でも、マルクスはこのタイプの「英雄主義」を秘密結社が主導する「政治技術主義」と等しく退けました。それは「諸関係の責任を個人に負わせること」になるからです。ですからもし英雄的行動があり得たとしても、それは個人の発意によるのではなく、階級意識の覚醒によるのだと説明しようとした。当然です。もし個人の脳内にふと浮かんだ観念が現実変成力を持つということを認めてしまったら、それは「現実的なるものは思惟過程の外的現象にすぎない」（同書、23ページ）とするヘーゲル主義への退行になってしまう。マルクスとしてはそんなことを認めるわけにはゆきません。「理念的なるものは人間の頭の中に転移され、翻訳された物質的なるものにほかならない」（同書、23ページ）というのは唯物論の不可疑の前提だからです。

∇マルクスが「大洪水」に望みを託した理由

でも、やはり無理があると思うのです。現に目の前に「ルンペン・プロレタリアート」と「ブルジョワ的プロレタリアート」という非英雄的労働者が群れをなして存在して、率先して反動的政策を支持し、革命の弾圧に加担している。マルクスはこの点についてはほんとうに困惑したと思います。この反動的で無為な「似非プロレタリアート」たちは果たしてこのまま資本主義が発展した場合に、増大する「貧困、抑圧、隷属、堕落、搾取」によっていずれその政治的態度を反転させて、階級的に「訓練され、結合され、組織され」て、革命闘争に立ち上がるでしょうか。

そんなことはたぶんない。マルクスだってそう考えていたと思います。

これらの「似非プロレタリアート」のことをマルクスがさしあたり階級意識が未成熟であるだけで、これから適切に啓蒙されれば正しいプロレタリアートの戦列に加わるはずの人々だと考えていたら、彼らを描写する時に「放蕩者、落ちぶれたブルジョワジー、無宿者、兵隊くずれ、前科者、島抜け、詐欺師、ペテン師、すり、手品師、風琴弾き、博徒、女衒《ぜげん》、屑屋、鋳掛屋《いかけや》、三文文士、乞食…」(『ルイ・ボナパルトのブリュメール18日』、69ページ)というような軽蔑的な言い立てはしなかったはずだからです。

この連中は、その社会的身分がどれほど悲惨であろうと、無権利的であろうと、現に収奪されていようと、同情には値しない。マルクスはそう考えていました。でも、ここにマルクスの深刻なアポリアがある。僕にはそう思われます。資本主義は歴史的必然として自壊する。マルクスはそう予測しましたけれど、その予測はさしあたり実現していない。労働者は自然史的過程として戦うプロレタリアートに自己形成し、トランスナショナルな連帯をかたちづくるはずである。でも、その予測はさしあたり実現していない。

マルクスは恐慌待望論を放棄しました。資本主義は当面自壊しないことはもう分かった。48年の市民革命もパリ・コミューンもすべての労働者が一斉に決起するという歴史的出来事を実現してみせてはくれなかった。だからこそマルクスは「大洪水」に最後の望みを託したのではないかと思うのです。

▽人類の衰弱は始まっているように見えた

この停滞する階級情勢を一気に転換する破局的事態が「大洪水」です。それは「肉体的、精神的衰弱、早すぎる死、過剰労働による虐待」の帰結として訪れるはずの「将来の人類の衰弱」と「とどめようのない人口減少」として描かれます。人口減少はまだ始まっていませんでしたが、「人類の衰弱」はすでに始まっているようにマルクスには見えました。

マルクスは資本主義先進国ドイツとフランスで徴兵基準身長の低下という事実を「盲目的な略奪欲が（…）国民の生命力の根幹を脅かした」事例として挙げています（『資本論（第一巻上）』、３４９ページ）。

「革命（１７８９年）以前にはフランスの歩兵に要求された最低身長は１６５センチであった。それが１８１８年（３月10日の法律）には１５７センチ、１８３２年３月21日の法律以後は１５６センチとなった。フランスでは身長不足および虚弱のため平均して半数以上が不適格となっている。ザクセンでは軍の最低平均身長基準は１７８０年に１７８センチだったのが、現在は１５５センチ、プロイセンでは１５７センチである」（同書、３４９ページ）

マルクスはこうした生々しい数字を挙げてフランスやドイツの青年たちの身体が縮んでいるという事実を示そうとしています。これがそのまま全国民の身体の委縮の比率を示しているわけではないにしても、マルクスの実感としては、目の前で青年たちが病み衰え、矮小化しているように見えた。児童労働がもたらす身体の衰弱についても、マルクスはある医師の報告書を引用しています。

「一つの階級としての陶工たちは、男女ともに…肉体的、精神的に退化した住民層を代表している。通常彼らは発育不全で体格が悪く、しばしば胸部に奇形が見られる。彼らは早くに老化し短命である。鈍重で血の気がなく、消化不良、肝臓、腎臓障害、リューマチなどの痼疾に罹患することからかれらの虚弱体質がうかがわれる。しかしとりわけ彼らによく見られるのは肺炎、肺結核、気管支炎、喘息などの胸部疾患である」(同書、360ページ、ノース・スタッフォードシャー病院のJ・T・アーレッジ医師による報告)

身体だけではありません。知性も徳性も萎縮する。マルクスはファーガソンの次のような箇所を引用しています。

「無知こそは迷信の母であるとともに、産業の母である。（…）手と足を動かす習慣は、熟慮にも想像力にも依拠していない。マニファクチュアアが栄えるのは、人が精神をもっとも失っている場所である」（同書、５３４ページ、ファーガソン、『市民社会史』からの引用）

▽資本家の貪欲が生みだした労働者の肉体的・知性的な劣化

工場における分業と単純作業の繰り返しは、思考しない労働者を要求します。それをするように教え込まれている作業以外のことについては、何も考えない、何も感じない労働者を要求します。マルクスはアダム・スミスの『諸国民の富』から次のような文章も引いています。

「人生の全体を、ほんのいくつかの単純な作業に費やす人間は（…）彼の知性を訓練する機会をもたない。（…）彼は全体としては、およそ人間として考えられる限りに愚鈍で無知となる」（同書、５３５ページ）

「特定の職業分野での熟練は、知的、社会的、そして戦闘的な徳の犠牲の上に獲得されているようである」（同書、５３５ページ）

労働者の肉体的・知性的な劣化は資本家の底なしの貪欲がもたらしたものです。資本家は、その本性から、労働者が人間らしく生きることのできる限界を超えたところまで労働日を延長しようとするからです。

「資本は肉体の成長、発達、健全な維持のための時間を略奪する。戸外の空気と太陽の光を吸収するために必要な時間を奪う。（…）資本にとっては**労働力の寿命**など問題ではない。資本の関心はただ一つ、一日の労働日に活用できる労働力の最大値だけである。資本は**労働力の寿命を切りつめる**ことによってこの目標を達成する」（同書、３８９ページ）

「資本制生産は本質的に剰余価値の生産であり、剰余労働の吸収である。したがって、それは労働日の延長によって人間労働力を萎縮させ、労働力から正常な道徳的、肉体的発達条件と活動条件を奪う。それだけではない、それはまた**労働力そのものの早すぎる消耗と死滅**を生み出す」（同書、３８９ページ）

マルクスが「大洪水」と呼んだのは、「自己増殖を求める際限のない衝動にかられて、自然の摂理に反する労働日の延長を追求する」（同書、３９０ページ）資本がある日ついに限界を超え、労働力の再生産を不可能にするところまで突き進んだ状況のことだと僕は思います。

▽先進国で子どもが産まれなくなった理由

労働者の肉体的、精神的な退化と、再生産の停止による人口減の始まり。プロレタリアとはラテン語 proletarius「子ども以外にいかなる富も持たぬもの」が語源だということを冒頭に書きましたけれども、「子どもを作ることを止めたもの」は資本制社会においてどのような苛烈な収奪の対象であっても、もう「プロレタリア」ではありません。「プロレタリアであることさえできなくなった労働者」の登場。それがマルクスの望見した「大洪水」だった。実際にそれは21世紀の日本はじめの（アメリカを除く）先進国すべてで起きていることです。

前便でも書きましたが、人口減に対処して資本家たちが採用したのは、21世紀における新しい「囲い込み」でした。都市部に資源を集中し、雇用を集めて、そこを人為的に人口過密にする。一方で、地方を過疎地・無住地化するのです。それしかもう資本主義が延命する手立てがないからです。

ですから、資本主義末期には、人間が棲息できる地域は都市部だけに限定されます。過疎地・無住地には生産性の高い事業が展開される。農業が可能なところでは企業による大規模農業が行われ、もう人が住まなくなった土地では地平線まで太陽光パネルが敷き詰められ、風力発電の風車が林立し、原発や産業廃棄処理場が作られる。そういうディストピア的光景が展開することになると思います。この「ディストピア化」は各地ですでに始まっています。

でも、そんな世界で人々は子どもを産むでしょうか。自分の子どもや孫に生きられる土地が「こんな世界」しかないということを強制できるでしょうか。

先進国では子どもが産まれなくなった理由について、多くの人は扶養するだけの経済的条件が整っていないということを挙げますけれども、僕はむしろそれ以上に、「こんな殺伐とした世界に子どもを送り出したくない」という絶望が妊娠出産を抑制しているように思われます。

歴史が教えているのは、どれほど収奪しても、プロレタリアの再生産意欲は減殺しなかったということでした。でも、それはたぶん貴族や権力者や資本家たちがプロレタリアの覗き見ることができるところで「快適な生活」をしていたからだと思います。この世界にはたしかに「快適な生活ができる場所」が存在する。だとすれば、自分の何代か後の子孫の一人が「そこ」に入り込む可能性はゼロではない。

▽「資本主義の死より先に人類が滅びる」恐怖

でも、今は違います。「大洪水」がすべてを押し流し、地球環境が居住不能になる時には、資本家も権力者も等しく押し流されてしまう。もう希望の土地はない。この後、資本主義が終わるとしても、資本主義が終わる前に人間が終わっている。たしかに、どこかで成長の限界に達して、資本主義は終わるかも知れません。でも、資本主義が「自然死」するより先に人間が終わってしまう。「大洪水の前に」、どこかで資本主義の暴走を止めなくてはならない。マルクスはそれについて必死に考えていたはずです。プロレタリアの階級的自覚が覚醒するまでただ待っているということはもうできない。それではもう間に合わないかも知れない。「大洪水」は資本家たちが予測しているよりずっと早く到来するかも知れない。マルクスにとって、その焦燥はリアルなものだった。でも、その焦燥を共有できる同時代人がいなかった。「資本主義の死より先に人類が滅びる」というような恐怖を実感していた人は、同時代にはいなかった。マルクスの未来社会論が観念的で生硬であるのはそのためだと思います。周りの誰も「そんな話」はしていなかったんですから。

資本主義は「囲い込み」という魔術的な手口によって、人為的に国土を人口過密地と人口過疎地に切り分けることでプロレタリアを「創造」してきたという歴史的事実をマルクスは熟知していました。ですから、仮に人口減になったとしても、資本家は必ず残ったわずかな人口を都市部に集住させて、そこに過密地を創り出し、プロレタリアを備給し続けようとするはずです。人口がどれほど減ろうと、同じことをするはずです。今の日本でしているように。

この流れに対抗するためには、資本家が「囲い込み」によって過疎地化・無住地化しようとしている土地に人間が生活拠点を置き、そこで穏やかに生業を営んで、健康かつ文化的に暮らせるような現実を創り出さなければならない。「人間が生きられる場所」をこの世界のどこかに確保しておかなければならない。それは資本主義が終わった後に出現するのではなく、仮にごく小規模で萌芽的な形態であっても、今、ここに存在しなければならない。資本主義が「大洪水」で人類ともども滅び去る前に、いま、ここに存在しなければならない。ですから、それは厳密な意味では「未来社会」ではなく、萌芽的な形態における「現代社会」でなければならない。

4、階級闘争より、もっと根源的な闘争が闘われる

▽ある種の共同体を日本でめざす若者たち

人口減局面における今の日本でも、高齢化・過疎化している土地に移住し、そこで新しい生業を創出し、世界標準のプロダクツを送り出そうとしている若い人たちが増えてきました。別に彼らはマルクスを読んでそういう生き方を選んだわけではありません。でも、おそらく遠くから響く資本主義の「弔鐘」を聴き取って、「大洪水の前に」、生き延びることのできる場所を探り当てようと直感的に動き出したように僕には思えます。

でも、彼らはそこで一体どのような共同体を形成するつもりなのでしょうか。

移住者たちは、そこにもともとある地縁・血縁共同体のメンバーではありませんし、外からやってきてその土地で利用できる限りのものを利用して利益の最大化をめざす利益共同体を立ち上げる

ためにそうしているわけでもありません。彼らがある種の共同体の創建をめざしているのは確かなのですが、それは地縁・血縁共同体《ゲマインシャフト》（Gemeinschaft）でも、利益集団《ゲゼルシャフト》（Gesellschaft）でもありません。その中間にある「共有地《コモン》（Common）のようなもの」という以外に今のところ適当な言い方がありません。

この「コモン」のメンバーたちは宿命的な仕方でその共同体に結びつけられているわけではありません。自発的に、自分の意思で参加したわけですから、自分の意思でそこから抜けることももちろんできます。そして、共同体の活動の目的は「自己利益を最大化すること」ではなく、メンバー全員が「穏やかに生業を営んで、健康かつ文化的に暮らせること」です。かなり漠然としたものです。詳細な事業計画もないし、投資者への配当の約束もありません。

この「コモン」の創設の目的は、つきつめて言えば「そこでなら人間らしく生きられる」ということを参加した人たちに保証すること、それだけです。「コモン」にとっての最優先事項はその共同体が安定的かつ恒常的に維持されるということです。そのために、メンバーたちはその私財の一部を公共へ供託し、私権の一部を公共に委譲しなければならない。そのようにして公共を豊かなものにしなければならない。だから、「コモン」のメンバーは「持ち出し」覚悟になります。でも、それは「しがらみ」が強制するものではないし、「自己利益」に誘導されるものでもない。「自分が人間らしく生きられる場所」を守るためです。

▽僕が凱風館を立ち上げ、維持している理由

僕はいま凱風館という道場共同体を立ち上げて、維持しているわけですけれども、これは僕の私物ではありません。「みんなの家」です。これを建てたのは、僕が合気道の多田宏先生、哲学のエマニュエル・レヴィナス先生という二人の師から学んだことを次世代に伝えるためです。先賢から「パス」された叡智と技術はパブリックドメインに置かれて、できるだけ多くの人がアクセスできるべきだと思ったからです。

そのためには、道場は僕が死んだ後も維持されなければならない。でも、この道場は僕の血縁者や地元の人が引き継ぐわけではありませんから、地縁・血縁共同体《ゲマインシャフト》ではありません。道場は利益を出して出資者に配当するような制度ではありませんから、利益集団《ゲゼルシャフト》でもありません。凱風館を形成しているメンバーたちは、この道場が存在して、時代を超えて道統・学統を伝えてゆくために集まっています。自由に参加できるし、自由に離脱できる。けれども、参加する以上はこの共同体の維持のために「身銭を切る」覚悟が要る。そういう中間的な共同体のことを上では「共有地（コモン）」と呼びましたけれども、その語とは別に「ゲノッセンシャフト（Genossenschaft）」という語があります。あまりなじみのない術語ですけれども、地縁・血縁共同体のように、自分の意思とはかかわりなく生まれつきメンバーであるというものではなく、利益集団のように、自己利益を最大化するために

作られた組織でもない、その中間的な形態のものを指し示します。職人組合や協同組合がそれに当たります。メンバーは自由意思で参加する。メンバーの地位は基本的に平等である。

凱風館のような道場共同体も「ゲノッセンシャフト」の一つに数え入れてよいと僕は思います。でも、協同組合と違うところが一つあります。それは、道場共同体はいまここにおける具体的な生活上の利便のためにメンバー同士が支え合う相互扶助組織ではないということです。道場共同体は、時代を超えて道統・学統を「パス」するという「ミッション」を持っている。先人から受け取った叡智と技能を後の世代の人々に手渡すという、時間的な縦軸を芯にして道場共同体は統合されています。いま、ここにおけるメンバーの具体的な生活上の利益は必ずしも最優先には配慮されない。それをいくぶんか犠牲にしても、「パス」はつながなければならない。

その理路はサッカーやラグビーのようなボールゲームのことを考えれば、わかると思います。プレイヤーたちはボールを「つないで」、それを「受け取ることをかたくなに拒否する人」に贈与する。ボールゲームの本質は「パス」と「贈与」に存します。

この稿の冒頭で「伝道」について書きましたけれども、「福音」のパスをつなぎ、耳を塞いでいる人の袖をつかんで、懇請して、「福音」を受け取ってもらうという「伝道」のふるまいはよく見るとボールゲームと同型的です。というより、ボールゲームそのものが「パス」と「贈与」を通じて人間はその潜在能力を最大化し、ファンタスティックなプレーを発想するという太古的な知恵を教えるための装置なのだと僕は思います。ですから、ボールゲームにおける「チーム」も一種の「ゲノッセンシャフト」と言えるかも知れません。誰にも強制されることなく、自分の意思で参加できる共同体だけれど、メンバーである限りはおのれの技能を高めること、「パス」と「贈与」の事業に献身することを求められる。

僕はこの太古的な起源を持つ「ゲノッセンシャフト」が「大洪水」を生き延びるための「現代における未来社会の萌芽的形態」のあり方を指し示しているのではないかと考えています。

▽斎藤幸平さんの研究と指摘から

斎藤幸平さんは晩年のマルクスが共同体研究に没頭していたという事実を、書簡や抜き書きノートの子細な検討に基づいて指摘しています。「大洪水」が訪れる前に、マルクスはどのような共同体が持続可能なのかについて見通しを立てておこうとしていた。その時、マルクスが注目したのは「マルク協同体（Markgenossenshaft）」という古代ゲルマンの共同体だったということを斎藤さんに教えて頂きました。

「ゲルマン民族は、土地を共同で所有し、生産方法にも強い規制をかけていた。マルク協同体においては、土地を共同体の構成員以外に売ったりするなど、もってのほかであったという。

土地の売買だけでなく、木材、豚、ワインなども共同体の外に出すことも禁じられていた。そのような強い共同体的規制によって、土壌成分の循環は維持され、持続可能な農業が実現していた」（斎藤幸平『人新世の「資本論」』、集英社、２０２０年、１８１ページ）

斎藤さんはこの協同体（ゲノッセンシャフト）の「持続可能性」と「社会的平等」に注目しています。というのも、資本主義がこのまま持続すれば、地球環境自体が人間の存在を許さなくなるというエコロジカルな危機感をマルクスは抱いていたというのが斎藤さんの仮説だからです。

「最晩年のマルクスの認識は次のようなものだ。資本主義のもとでの生産力の上昇は、人類の解放をもたらすとは限らない。それどころか、生命の根源的な条件である自然との物質的代謝を攪乱し、亀裂を生む。（…）社会の繁栄にとって不可欠な『自然の生命力』を資本主義は破壊する。マルクスはむしろそう考えるに至ったのだ」（同書、１８６ページ）

「マルクスが求めていたのは、無限の経済成長ではなく、大地＝地球を〈コモン〉として持続可能に管理することであった」（同書、１９０ページ、強調は内田）

それはもう「経済成長をしない循環型の定常型経済」（同書、193ページ）の体制です。

「資本主義の危機を乗り越えるために西欧社会は『原古的な類型のより高次の形態である集団的な生産および領有へと復帰』しなくてはならないとマルクスが言うとき、彼は定常型経済という共同体の原理を、西欧において高次のレベルで、復興させようとしていたのではないか」（同書、195ページ）

この斎藤さんのマルクス読解の当否の判断を下すほどの文献的根拠を僕は持ちませんが、ここで言われる「原古的な類型」が「パス」し、「贈与」することをその本質とする「ゲノッセンシャフト」を指すのだとしたら、この言明に僕は個人的には満腔の同意を示したいと思います。

▽「反生命」と「生命」の対立を含んでいる

さあ、ほんとうにもう終わりにします。マルクスの先見性は「いずれ大洪水が来る」という確信のうちにありました。そして、それは資本家対労働者の階級闘争という社会闘争規模のものではなく、もっと巨大な、人類全体が滅亡の淵に立つような危機であるとマルクスは考えていました。資本が「自己増殖を求める際限のない衝動」に駆動されて運動する限り、それはいずれ生態系を破壊し、いくつもの生物種を絶滅させ、最終的には人間の科学力では制御できないような環境破壊をもたらすだろうということをマルクスは直感的に感知していた。資本主義が人間をここまで衰弱させて平然としている以上、いずれ地球の生態系が人類にとって棲息不可能になるまでの環境破壊をもたらすだろうということをマルクスほどの知性が予測できなかったはずはありません。だから、「大洪水の前に」何とか手立てを尽くさなければならない。それは表現型としては「階級闘争」として遂行されるのでしょうけれども、その本質は「生命を破壊するもの」と「生き延びようとするもの」の間の戦いである。たぶんマルクスはそう考えていたのだと思います。それは「すべての資本家すなわち資本家階級と、すべての労働者すなわち労働者階級のあいだの一闘争」にとどまらず、もっと根源的な闘争であると考えていた。というのも、労働者は資本家にこう告げるとマルクスは書いているからです。

「君が僕に対して代表しているものには胸の鼓動がない。鼓動しているように見えるのは僕自身の心臓の鼓動なのだ」（同書、３４２ページ）

これはたまたまそれぞれの階級に生まれた者たちが、それぞれの立場から権利をゼロサム的に奪い合っているというヘーゲルの「主人と奴隷」の対立図式からは出てこない言葉です。資本家の側に立つものは、仮に個人としては高潔であったり、人道的であったりしても、制度的に「胸の鼓動」を欠落させている。労働者の側に立つものは、その個人的資質とかかわりなく、「自分の心臓の鼓動」だけははっきりと聴き取ることができる。この対立は「利益のためには誰の生命も顧慮せずに行動できるもの」と「おのれの生命を守り抜くことを何よりも求めるもの」の間の非対称的な対立である。マルクスはそう言っているように思います。

僕が階級的には、資本の側につくか、労働者の側につくかを選択できるプチブルでありながら、あえて「マルクスに理あり」とするのは、この対立が本質的には「反生命」と「生命」の対立を含んでいると思うからです。

Life finds a way

これは映画『ジュラシック・パーク』でマルコム博士（ジェフ・ゴールドブラム）が人造恐竜たちはやがて人間の管理を逃れるだろうという暗鬱な予言をする時に口にした言葉です。

「生命は生き延びる道を見出す」

僕は「生き延びる道」を求めて「生命」の側に立ちたいと思っています。そのために「人間が生きることのできる場所」をいま、ここで創り上げたいと思っています。

石川先生、長い間ありがとうございました。

V 関連文献

『イギリスにおける労働者階級の状態』について（石川書簡）

『若者よ、マルクスを読もうⅡ』中国語版への序文（石川、内田）

#『イギリスにおける労働者階級の状態』について

石川康宏書簡（2016年8月15日）

内田先生、こんにちは

3月の「ドイツ・イギリス　マルクスの旅」から、もう4か月がたったのですね。早いものです。その後、一度、神戸女学院大学の西門をあがったロータリーでお会いしました。ぼくは仕事を終えて帰るところで、内田先生は、確か、学生たちに合気道の指導に来られたところでした。その後、季節はすでに真夏です。

「マルクスの旅」のまとめは、この9月に出版の予定だそうです。『マルクスの心を聴く』というタイトルで、『若マル』の番外編という位置づけだと聞きました。

さきほど、この手紙（原稿）を書き始めるために、以前の手紙を探してみたのですが、日付がちょうど2年前の夏になっていました。2年も書かずにいたのであれば、編集者が旅行社と「結託」して、ぼくたちが書かずにおれなくなる仕掛けをつくるというのも、少しは納得できる気がしました。

2年は長い空白ですよね。

さて3月の「旅」は、羽田、関空それぞれから、シベリアと北欧を越えて地球をまわり、ドイツからイギリスへと進んでいきました。イギリスでは、ロンドンより先にマンチェスターを訪れましたが、この手紙でとりあげるフリードリヒ・エンゲルスの『イギリスにおける労働者階級の状態』は、そのマンチェスターでの研究の成果です。そこでサブタイトルは「著者自身の観察と確実な典拠による」となっています。

この本は、1845年にライプツィヒで、英語ではなくドイツ語で、つまりドイツの労働者に向けて刊行されました。それは工場経営者である父の命にしたがって、また、おそらく半分は窮屈な家を離れることを自ら望んでマンチェスターに向かったエンゲルスが、21か月に渡るイギリスでの資本主義体験をもとに書いたものですから、これは今回の「旅」に直接つながるものとなっています。ついでにいえば、これは、マンチェスターからの帰国の途中、パリでマルクスといよいよ「本格的な出会い」をして、共産主義の活動家として本格的な活動を開始していく時期の著作にもなっています。

『状態』は、自分の目で見て、耳で聞いて、肌で感じたことを土台にしながら、たくさんの文献、統計も駆使してまとめられたもので、ぼくが使う新日本出版社の古典選書――浜林正夫さんの翻訳です――だと、上下で500ページを超える大作です。ずいぶん久しぶりに読みましたが、これだけのものを24歳で書きあげるのは、やはりすごい能力ですね。あらためて驚かされました。ぼくとしては、とりあげる著作の紹介や解説だけでなく、エンゲルスの人生、特に思想的な成熟の過程を追うことにも力をさいてみたいと思います。「第二バイオリン」とかマルクスの人生のマネージャーといった、マルクスの補佐役として取り上げるのではなく、エンゲルスその人の生き方にはっきり焦点をあててみたいと思うのです。

では、テキストに入りましょう。

1、大工業が生み出した労働者生活の悲惨

▽労働者はどのような運動をせずにおれないか

エンゲルスは、この本を書く理由について、次のように述べています。

「労働者階級の状態は現在のあらゆる社会運動の実際の土台であり、出発点である。なぜならそれは、われわれの現在の社会的困窮の最高の、もっともあからさまな頂点だからである」

「一方では社会主義理論に、もう一方ではこの理論の正当性についての判断に、確固とした基

礎を与え、この理論に賛成するにせよ反対するにせよ、あらゆる夢想や幻想に終止符をうつためには、プロレタリアの状態を知ることが絶対に必要である」（上・17ページ）

ここでエンゲルスが「あらゆる夢想や幻想に終止符をうつ」としていることの背景には、当時のヨーロッパにおける「社会主義理論」の未熟さという問題がありました。『状態』を執筆してから35年後、エンゲルスは、『空想から科学への社会主義の発展』（１８８０年）という本を書きますが、その中でエンゲルスが「空想」と「科学」を分かつ根本的な基準としたのは、未来社会についてのあるべき理想を机の上で描くのではなく、現実の苦難を抜け出そうとする労働者は、いったいどのような運動に取り組まずにおれなくなるのか、それを現実社会の仕組みのなかに「発見」していく姿勢の有無でした。

労働者の解放を実現する未来社会のあり方や、そこにいたる社会改革の道筋は、頭の中で発明されるものではなく、すでにある社会の内に発見されるべきものだということです。エンゲルスは、それを社会主義が「科学」であるための大前提だと考えました。

後でもふれることになるかと思いますが、エンゲルスは『状態』の「ドイツ語第2版（１８９２年）序文」の中で、この若き日の著作がふくむ理論的な弱点についてふれています。そして、この本を、近代社会主義の「萌芽的発展の一つの局面をあらわしていただけにすぎない」と書きました。

しかし、たとえ未熟であったとしても、『状態』は、机の上での「空想」を乗り越えて、マンチェスターをはじめとする具体的な現実世界の具体的な分析に進んだものです。そこで、晩年のエンゲルスは、これを「科学」の「萌芽」の一局面と位置づけることにしたのでした（下・203ページ）。

なお、こうした「空想から科学への社会主義の発展」は、家庭で教えられた敬虔主義のキリスト教からヘーゲルの客観的観念論へ、一時的には熱烈なフォイエルバッハ主義者へ――つまりは唯物論へ、そしてマルクスとの共同による社会の領域への唯物論の徹底――史的唯物論の形成という、世界観の成熟・発展に対応するものでもありました。そのあたりのことは、『若マルⅠ』の『ドイツ・イデオロギー』のところでふれましたが、エンゲルスの『フォイエルバッハ論』を取り上げる機会があれば、少しまとめて述べてみたいと思います。

▽ドイツの労働者運動にイギリスの状態を

ところで、エンゲルスはこの本をドイツ語で、ドイツの労働者に向けて書きました（冒頭に「大ブリテンの労働者階級へ」というごく短い英文の呼びかけがありますが）。それにもかかわらず、検討の対象とされた労働者が「ドイツ」の労働者ではなく、「イギリスにおける」労働者だったのは、なぜなのでしょう。これについて、エンゲルスはこういう説明をしています。

「プロレタリアの状態が古典的な形で完全に存在しているのは、ただイギリス、とくに本来のイングランドだけである。さらに、この対象をある程度完全に叙述するのに必要な資料が十分にあつめられ、公式調査によって確認されているのも、イギリスだけである」（上・17ページ）

労働者がおかれた状態を「完全」な形で示すほどに発達した資本主義――産業革命をへて機械制大工業を成立させた資本主義――が存在するのはイギリスだけで、それを「叙述」するのに必要な材料がそろっているのもイギリスだけだというのです。

それだけではありません。さらにエンゲルスは、ドイツにおける社会主義・共産主義の状況や、ドイツとイギリスの「社会秩序」の共通性を指摘します。

「イギリスの典型的なプロレタリアの状態をえがくことは――とくに現在の瞬間においては――ドイツにとって大きな意味をもっている。ドイツの社会主義と共産主義は他のどこの国より以上に理論的な前提から出発している」「プロレタリアの現実の生活状態はわれわれのあいだではほとんど知られていない」。そこで「われわれドイツ人はなによりもまずこの問題について事実を知ることが必要である」（上・18〜19ページ）

エンゲルスは、ブルジョア社会の発展が未熟なドイツでは、現実の改善を「現実の諸関係から直接にせまられること」がなく（上・18ページ）、それゆえ「ドイツの社会主義と共産主義」は、それを「空想」によって埋め合わせる、いわば頭でっかちを余儀なくされる特徴をもっており、そうした弱点を乗り越えるには、いまだドイツには存在しない「典型的なプロレタリアの状況」を、イギリスに学ぶ必要があるというのです。

そして、そのようにイギリスに学ぶことが大切であることの理由として、エンゲルスは、ドイツとイギリスが「社会秩序」を同じくしており、両者の違いはその「成熟」の度合いでしかなく、イギリスにおける労働者階級の状態は、未来のドイツにおける労働者階級の状態を先取りしているにすぎないと指摘します。

「たとえドイツのプロレタリアの状態がイギリスのように典型的な形にまで成熟していないとしても、それでもわれわれも基本的には同じ社会秩序をもっているのであって、それは遅かれ早かれ、北海の向こう側ですでに到達しているのと同じ頂点まで、おしすすめられていくに違いない」「イギリスにおいてプロレタリアの貧困と抑圧を生みだしたのと同じ根本原因が、ドイツにも同じように存在しており、ついには同じ結果を生むに違いない」（上・19ページ）

こうして24歳の若きエンゲルスは、現在のイギリスにドイツの未来の姿を見て、イギリス労働者の現在の状況を、未来のわがこととして理解することをドイツの労働者に求めていったのでした。同様のことをマルクスは、ドイツ社会に対する独自の分析を深めた後の『資本論』初版への序言（1867年）でも書いています。

「私がこの著作で研究しなければならないのは、資本主義的生産様式と、これに照応する生産諸関係および交易諸関係である。その典型的な場所はこんにちまでのところイギリスである。これこそ、イギリスが私の理論的展開の主要な例証として役立つ理由である。しかしもしドイツの読者が、イギリスの工業労働者や農業労働者の状態についてパリサイ人のように眉をひそめるか、あるいは、ドイツでは事態はまだそんなに悪くなっていないということで楽天的に安心したりするならば、私は彼にこう呼びかけなければならない、〝おまえのことを言っているのだぞ！〟と」（新日本出版社上製版Ⅰa、9ページ）

▽私はイギリスのブルジョアジーに挑戦する

エンゲルスが描いた労働者たちの「状態」に進みます。エンゲルスの描写はきわめて緻密で、具体的です。それほどの緻密さを自らに課した理由は、学問的な誠実さだけではありません。著作自体がブルジョアジーとのたたかいの武器だと考えていたからでした。この点について、エンゲルスは次のように述べています。

「私は21カ月のあいだ、イギリスのプロレタリアート、その努力、その苦しみと喜びを個人的な観察や個人的な交際によって身近に知る機会をもち、同時に、信頼できる必要な資料を利用して私の観察を補足する機会をもった。私がみたり、聞いたり、読んだりしたことは、この書物のなかにとりいれられている。私は、私の立場だけでなく、ここにのべられている事実についても、多くの方面から攻撃されるだろうこと、とくに私の書物がイギリス人の手にはいったときに、攻撃をうけるであろうことを、覚悟している。私はまた、包括的な対象を広範な前提に立ってあつかう場合にはイギリス人でさえ避けることのできないような些細な誤りが、あちらこちらで指摘されるであろうことも知っているし、イギリスにおいてさえ私の書物のようにすべての労働者をあつかった本はまだ一冊もないのだから、ますます誤りの指摘はあるであろう。しかし私は一瞬もためらうことなく、イギリスのブルジョアジーに挑戦する。立場全体にとってなにか重要な意味をもつ事実について、一つでも誤りがあれば指摘してみよ——私が引用したのと同じくらい確実な典拠をもって指摘してみよ」(上・17~18ページ)

「私は一瞬もためらうことなく、イギリスのブルジョアジーに挑戦する」。24歳にしてこの志の大きさです。本当にしびれてしまいますね。

そうして「確実な典拠」をもって示されたこの本の構成は、大きく「序説」「工業プロレタリアート」「大都市」「競争」「アイルランド人の移住」「諸結果」「個々の労働部門――狭義の工場労働者」「その他の労働部門」「労働運動」「鉱山プロレタリアート」「農業プロレタリアート」「プロレタリアートにたいするブルジョアジーの態度」からなっています。内容の一端を見てみましょう。

「社会が労働者にたいして、その労働の報酬として住宅、衣服、食物の形でどれだけの賃金を与えているのか、社会の存在にもっとも貢献している人びとに、どんな生活をかなえているのかを見てみよう」（上・54ページ）

こう書いたエンゲルスは「大都市」の章で、ロンドン、ダブリン、エディンバラ、リヴァプール、ノッティンガム、グラスゴウ、ヨークシャ西部、ランカシャ南部等々につくられた労働者街、貧民窟の実情を描き、中でも、もっとも詳細に観察したマンチェスターについて次のようにまとめています。

「以上が、私自身20カ月間に観察する機会のあったマンチェスターのさまざまな労働者地区の状態である。これらの地区を歩きまわった結果をまとめてみると、次のようにいわなければならない。すなわちマンチェスターとその郊外の35万の労働者は、ほとんどすべて、劣悪な、じめじめとした不潔な小屋に住んでおり、それらのある街路はたいてい、もっともひどい、不潔な状態にあり、風とおしのことはまったく考慮せず、ただ建築主のふところに流れこむ利潤だけを念頭においてつくられている――一言でいえば、マンチェスターの労働者住居では、清潔さも快適さも、したがってまた家庭らしさもまったく不可能であり、これらの住居では、人間性を失い、堕落し、知的にも道徳的にも獣になりさがった肉体的にも病的な人種だけが気持ちよく、くつろぐことができるのである」（上・105～106ページ）

この文章を、エンゲルスは他ならぬ資本家の御用学者の言葉で補強します。「余計なことであるが」と皮肉の言葉をそえた上で、後にマルクスが『資本論』の中で、労働者への過酷な長時間労働を正当化する「学者」（しかもとびきり愚かな）の代表として徹底的に批判することになるナッソー・シーニア（シーニアの「最後の1時間」）を、自分の味方として引用するのです。

「このように主張しているのは私一人ではない。……余計なことではあるが、私は、自由党派に属し、工場主たちによって称賛され、非常に尊敬されている権威で、あらゆる自主的な労働運動の熱狂的な反対者の言葉、つまりシーニア氏の言葉を引用しておこう。『私がアイルランド人の町であるアンツーツとリトル・アイルランド〔いずれもマンチェスター内部の地区名です——石川〕の工場労働者の住居をとおっていったとき、このような住居でまずまずの健康を維持することができるということに、おどろくほかなかった。これらの都市は——というのは、それは広さにおいても人口においてもまさに都市なのだから——投機的な建築業者の直接的な利益以外には、まったくなにも考慮せずに立てられている』」（上・106ページ）

∇社会的殺人、児童の奴隷労働、無関心は犯罪である

24歳のエンゲルスには、資本家が労働者からどのように利潤を搾りだすかを分析した搾取論＝剰余価値論はまだありません。そのためか、経済的な価値が生産される労働現場そのものの描写は多くありません。しかし、労資関係に組み込まれた労働者がどのような生活を余儀なくされるかということについての告発は、きわめて強い力をもっています。もう少しだけ、事例を追加しておきます。

「ある人が他の人の身体を傷つけ、しかもそれが被害者の死にいたるような傷害であるなら、われわれはそれを傷害致死と呼ぶ。もし加害者が、その傷害が致命的となることをあらかじ

め知っていたら、われわれはその行為を殺人と呼ぶ。しかし社会（社会の権力のこと――エンゲルスの注釈による〔石川〕）が、何百人ものプロレタリアを、あまりにも早い不自然な死に、剣や弾丸によるのと同じような強制的な死に、必然的におちいらざるをえないような状態においているとすれば、またもし社会が何千人もの人から必要な生活条件を奪い取り、彼らを生活できない状態におくとすれば、またもし社会が、法律という強大な腕力によって、彼らを、こういう状態の必然的な結果である死がおとずれるまで、こういう状態に強制的にとどめておくとすれば、さらにもし社会が、これら何千人もの人がこういう状態の犠牲となるに違いないことを知りすぎるほど知っており、しかもこれらの状態を存続させているならば――それは個人の行為と同じように殺人であり……」「私が傷害致死の事実の典拠として公式文書や議会や政府の報告を引用することができるなら、社会がみずからの制度の結果を知っており、したがって社会のやり方はたんなる傷害致死ではなく、殺人であるということは、それだけですでに証明されたことになるのである」（上・149～150ページ）

これは現代日本社会においても、「過労死」という名で引き継がれている問題です。エンゲルスは児童労働についても、詳しい叙述を残しています。

「もし個々の野蛮な事例、たとえば、子どもが監督によって裸のままベッドからひっぱりだされ、服を腕にかかえたまま、なぐられたり、蹴られたりしながら工場へ追いたてられていった例（たとえばスティアート、39ページその他）とか、眠っている子どもをなぐっておこした例とか、それでも仕事中に眠ってしまった例とか、あわれな子どもがそれでも眠っていて、機械がとまったあと監督にどなられてとび起き、目をとじたまま自分の仕事の動作をつづけていた例とかを一つひとつ読むならば……、人類愛と自己犠牲とを自慢しているこの階級（ブルジョアジーのこと——石川）に、憤激しないでいられようか、恨みをいだかずにいられようか」（上・244~245ページ）

ここでエンゲルスが「読むならば」と語ったのは、工場監督官による公的な報告書のことでした。

「これが工場制度である。私はそれを紙面のゆるす限り詳しくのべた。また、身を守る力のない労働者にたいするブルジョアジーの英雄的行為を、なるべく公平にのべた。この行為について無関心でいることは不可能であり、無関心でいることは犯罪的なことなのだ」（上、267ページ）

多少の改善はあったとしても、これもまた現代の世界にそのまま生きる言葉となっています。根本のところでは、当時のイギリス、ドイツと同じ「社会秩序」が、現代の日本と世界にもあるといっていいのでしょう。だからこそ、19世紀を分析した彼らの社会科学の到達に、21世紀の今も学ぶべきものがふくまれているわけです。

2、「労働運動」の急速な発展と社会改革の展望

▽労働者階級による改革運動の発展

しかし、エンゲルスは労働者の「状態」を、単に悲惨の集積として、悲しき労働者哀史としてのみ描いたわけではありません。エンゲルスは、ブルジョア社会を改革する力を蓄えていく労働者とその運動の歴史的な発展にも注目しています。関連する文章を紹介してみましょう。

「もし産業革命がなければ、こういう（機械の導入以前にあった、地主と家父長的な関係で結ばれた――石川）きわめてロマンティックで居心地はよいけれども人間には値しないような生活から、ぬけだすことはなかったであろう。彼らはまるで人間ではなく、これまで歴史をみちびいてきた少数の貴族に奉仕する働く機械にすぎなかったのである。産業革命はこういう状態の

帰結をさらにいっそうすすめたにすぎないのであって、それは労働者を完全にたんなる機械に変えてしまい、彼らの手中に残されていた自立的な仕事をすっかり奪いとってしまったのだが、しかしそのことによって彼らに、ものを考え、人間的な地位を要求する刺激を与えたのである。フランスにおいては政治が、そしてそれと同じようにイギリスでは工業とブルジョア社会の運動全体が、人類の普遍的な利害にたいする無関心のうちに埋没していた最後の階級を、歴史の渦中にまきこんだ」（上・24～25ページ）

エンゲルスは、牧歌的に見える外観の中で「精神的には死んでいた」（24ページ）労働者が、資本と機械への隷属関係に入ったことで、歴史を担う生きた主人公の一つとして、社会の前面に立ち現れずにおれなくなったとしています。そして、そうした労働者運動の「発生地」が、とてもまともに人が住むことのできる場所ではないはずの「大都市」であったことを指摘します。

「人口の集中は有産階級に刺激を与え、発展させるという作用をするが、それは同様に労働者の発展をもさらにいっそう急速にすすめる。労働者は自分たち全体を階級として自覚しはじめ、一人ひとりでは弱いけれども、集まれば一つの力になるということに気づく。ブルジョアジーに頼らず、労働者とその社会的地位に固有の見方や観念がつくりあげられるようになり、抑圧されているという意識が生まれ、労働者は社会的、政治的重要性を獲得する。大都市は労働運動の発生地であり、そこで労働者は、はじめて自分たちの状態についてふかく考えるようになり、その状態とたたかいはじめたのである。大都市においてプロレタリアートとブルジョアジーとの対立がはじめてあらわれ、そこから労働者の団結、チャーティズム、社会主義が出発したのである」（上・186ページ）

この点についてのより詳しい検討は、「労働運動」の章（下・42〜81ページ）で行われます。『若マル』番外編の『旅』でもふれておいたことですが、「労働運動」という言葉は、現代日本では労働組合運動を指す場合が多くなっています。しかし、ここでエンゲルスが述べる「労働運動」は、労働者が自分の命と暮らしを守り、政治的権利の拡大を求め、あるいは資本主義を越える未来社会をめざして行う活動など、労働者としての客観的な社会的立ち位置が、彼らに余儀なくさせるあらゆる運動を指しています。それはエンゲルスの独特の用語法ではなく、当時の労働者運動の実情そのものの反映なのでした。

エンゲルスは、イギリスにおける労働者運動の発展を、次のように概説していきます。

「ブルジョアジーにたいする労働者の抵抗は工業の発展のあとすぐにはじまり、さまざまな段階をとおってきた」（下・44ページ）。ここでの「工業の発展のあとすぐに」という指摘は重要です。

機械制大工業は資本による労働の隷属を決定的としましたが――これも『旅』でふれておきました――、それが労働者による資本への反撃の歴史的な出発点ともなっている。エンゲルスは歴史の具体的な分析をつうじてそう述べます。

⑴「こういう抵抗の最初の、もっとも粗野な、そしてもっとも効果のない形態は犯罪であった」「工業の拡大とともに犯罪は増加」した（下・44ページ）。労働者を過酷な条件ではたらかせ、それによって肥え太っていくブルジョアジーからの窃盗です。

⑵「しかし労働者はすぐ、こんなことは役に立たないということに気づいた」「労働者階級がはじめてブルジョアジーに敵対したのは、工業の動きがはじまるとすぐおこったような、機械の導入にたいして暴力的に抵抗したときである」「工場が破壊され、機械がうちこわされた」（下・45ページ）。代表は、これも『旅』で論じたラッダイト運動です。たたかいは小さくとも集団の形をとり、地域的な連携もとられるように変わります。しかし、これによって、工場への機械の導入を食いとめることはできませんでした。

⑶そこから、たたかいは政治の領域に広げられます。「（1824年に）労働者は、これまで貴族とブルジョアジーのみがもっていた結社の自由の権利を手に入れた」。画期的な成果です。「（労働）組合がたちまちのうちにイギリス全体にひろがり、強力になった」「すべての労働部門において、労働者一人ひとりをブルジョアジーの専制と無視とから守るという明白な意図をもってこういう組

合（trades unions）が、結成された」。現代日本では憲法28条がこれを日本国民の基本的人権の一つに数えていますが、その重大な意味を、日本の労働者・市民はあらためてよく考えるべきです。エンゲルスはつづけます。労働組合の「目的は、①賃金をさだめること、②集団で、力をもって雇主と交渉すること、③雇主が利益をあげれば、それに応じて賃金を調整すること、④景気がよくなれば賃金をあげること、⑤一つの職業における賃金をどこにおいても同じ高さにたもつことであった」（下・45～46ページ、マル数字は石川）。

(4)たたかいは、さらに発展します。労働者の政治的権利の拡大を求める大規模で広範な地域で統一された取り組みが、チャーティズム（政府に対して人民憲章〔people's charter〕を求める運動）として行われるようになるのです。

「労働組合やストライキにおいては、反対はつねに個別的なままにとどまり、個々のブルジョアとたたかっているのは個々の労働者、あるいは労働者の一部分である」「しかし、チャーティズムにおいては、ブルジョアジーに反対して立ちあがり、とくに、ブルジョアジーの権力や、彼らが自分たちのまわりにはりめぐらした法律という壁を攻撃しているのは、全労働者階級である。チャーティズムは前世紀の八〇年代に、プロレタリアートと同時に、またプロレタリアートのなかで、発展してきた民主的な党派から生まれた」

1838年には「ウィリアム・ラヴェットを委員長とする全ロンドン労働者教会（Working Men's

Association）の委員会が人民憲章を起草した。その『六項目』は次のとおりである。（一）正常な精神をもち、前科のないすべての成年男子の普通選挙権、（二）議会の毎年改選、（三）貧しい人でも立候補できるようにするための議員への歳費支給、（四）ブルジョアジーによる買収や脅迫を避けるため秘密投票による選挙、（五）ひとしく公平な代表権を確保するための平等な選挙区、そして（六）……選挙権のあるものにすべて被選挙権をも与えること」（下・64～65ページ）。

これは若きエンゲルスの同時代に展開された運動で、エンゲルスもマルクスも関わりをもった取り組みでした。

(5) さらに労働者運動は、資本への隷属を労働者に強制する社会制度そのものの変革を求めるところに進みます。初期の、空想的な社会主義の運動です。

「（労働者の）社会主義への接近はとどめることはできない」「困窮のために労働者は政治的な救済手段の代わりに、社会的な救済手段にますます訴えるとすれば、いっそう社会主義へ接近するであろう」「イギリスの社会主義者は二〇〇〇人ないし三〇〇〇人の『国内入植地』において財産の共有制度を徐々にとりいれていくことを要求している」「（イギリスの）社会主義はオーエンという一工場主からはじまった」「社会主義は……必ず、そして近い将来に、イギリス人民の発展の歴史において重要な役割を果たすであろう」（下・74～76ページ）

「国内入植地」というのは、一定の土地を買い上げ、入植者を募り、そこに労資対立のない共同的な地域社会をつくろうという試みのことです。ロバート・オーエンは、イギリスではニュー・ラナーク、アメリカではニュー・ハーモニーという共同の村でこれを実践しました。

⑹最後にエンゲルスは、こうした取り組みの今後の発展について、次のような展望を示していきます。

「このように労働運動は、チャーティストと社会主義者という二つの陣営に分かれている」「チャーティストはもっとも遅れており、もっとも未発達であるが、その代わり、本物の、生身のプロレタリアであり、プロレタリアートの代表者である。社会主義者は見とおしがきき、実際的な窮乏対策を提案するけれども、もともとはブルジョアジーの出身で、そのため労働者と融合することができない。社会主義とチャーティズムとを結合させ、フランス共産主義をイギリス風につくり直すことはもう間近にせまっており、一部はすでにはじまっている。これが実現されたときにはじめて、労働者階級は現実にイギリスの支配者となるであろう」(下・77〜78ページ)

▽若きエンゲルスの社会主義革命論

このようにしてエンゲルスは、イギリスにおける労働者の過酷な状況を「出発点」として発展してきた労働者運動のさらなる未来に、社会主義をめざす取り組みの前進を見てとりました。「労働者階級（が）現実にイギリスの支配者となるであろう」ことを、つまりプロレタリアートを担い手として、資本主義を越える新しい社会――社会主義あるいは共産主義の社会――が生み出されることを、エンゲルスはすでに人間社会の自然史的発展の現れととらえていたのです。

ただし、労働者運動がその解決を求めて発展せずにおれないと考えた資本主義の根本問題に対するエンゲルスの理解は、この時点では多くの不十分さをともなうものでした。それは問題を解決する過程としての社会革命にも、解決した後の社会である社会主義社会の理解にも、多くの不十分さを残していました。最後に、この点を見ておきましょう。

第一にエンゲルスは、資本主義における労働者の苦難の根源を「競争」の問題に見ていきます。「競争は近代ブルジョア社会において支配的となっている万人対万人の戦争の、もっとも完全な表現である」（上・123ページ）

「ブルジョアがたがいに競争するのと同じように、労働者も互いに競争する」（上・123ページ）

「もしすべてのプロレタリアがブルジョアジーのために働くよりも、むしろ餓死したいという意志を表明しさえすれば、ブルジョアジーは独占を放棄しなければならないであろう。しかしそういう状況ではないし、それはむしろほとんど不可能なことだ」（上・124ページ）

「貧困の原因は現在の社会的諸関係、とくに競争であ（る）」（下・123ページ）

第二に、そこで苦難を抜け出そうとする労働者の運動は、「競争の廃止」を求めるものとならずにおれないとエンゲルスは考えます。

「彼らは必要にせまられて、競争の一部分（労働者同士の競争のみ――石川）だけでなく、競争全般を廃止せざるをえなくなる」「労働者はすでに今日、競争すればどうなるかということを、毎日毎日ますます理解しており、有産者同士の競争も商業恐慌をひきおこして労働者を圧迫するということ、そしてこの競争もまた排除すべきだということを、労働者はブルジョアジーよりもよく理解している。彼らはまもなく、どのようにしてこれをはじめるべきかを理解するであろう」（下・52ページ）

このように、この時点でのエンゲルスは、労働者の苦難の根源を何より「競争」に見て、その問題を解決するものとして社会主義をとらえていきました。そこには後にマルクスが到達した、資本による労働の搾取の分析も、搾取の根拠となる生産手段の私的所有も、搾取による苦難を解決するための生産手段の社会的所有も、まだまったく問題にされていません。

労資の対立についても、「自由競争は労働者をひどく苦しめ、彼らに憎悪されている。その代表者であるブルジョアジーは彼らの公然の敵である」（下・73ページ）のように、ブルジョアジーが労働者の「敵」であることの根拠は、彼らが搾取の担い手だからではなく、競争の「代表者」であることに求められていました。

なお、資本主義の根本問題として「競争」を重視するこの見地は、エンゲルスの資本主義論にかなり長期に渡って生き続けます。資本主義の特徴や問題を「生産の無政府性」（自由競争）に求める見解は、『空想から科学への社会主義の発展』での資本主義の基本矛盾の定式にも影響を及ぼしました。この点でのエンゲルスとマルクスの資本主義観の相違については、同書を論ずる機会があればあらためて考えてみたいと思います。

第三に、労資関係についての理解の不十分さは、ブルジョア社会の問題を解決していく社会革命の曖昧さにもつながります。

「プロレタリアートが社会主義的、共産主義的要素をとりいれるのに比例して、まさにそれに比例して、革命から流血と復讐とはげしい怒りが減っていくであろう。共産主義はその原理上、ブルジョアジーとプロレタリアートとの分裂を超越している」（下・157ページ）

ここでエンゲルスが述べているのは、こういうことです。労働者の運動が、ブルジョアジーをもふくむ万人を競争から解放する運動として成長し、その意味での社会主義的要素を強めていけば、プロレタリアートとブルジョアジーの敵対は弱まっていき「革命から流血と復讐とはげしい怒り（は）減っていく」。そもそもこの革命は労働者のみを救うものではなく、人類全体を救うものであり、そのようなものとして「共産主義は……ブルジョアジーとプロレタリアートとの分裂を超越している」のだから。

つづいてエンゲルスは、こうも述べます。

「共産主義は、この分裂があるかぎりは、自分を抑圧しているものにたいするプロレタリアートのはげしい怒りを一つの必然として、また、初歩的な労働運動のもっとも重要な槓杆として、たしかにみとめるけれども、しかし共産主義はこの怒りをこえてすすむ。なぜなら、それはまさに人類の問題であって、たんに労働者だけの問題ではないからである」（下・１５８ページ）

資本家に対する労働者の怒りが「もっとも重要な槓杆」となるのは、共産主義や労働運動が「初歩的な」段階にある時だけであり、「共産主義はこの怒りをこえて」成長する。なぜなら、共産主義の実現は資本家を含む「人類の問題であって、たんに労働者だけの問題ではない」のだからというわけです。

社会主義革命への資本家たちのこの宥和的、友好的な態度の見通しには、資本家の合意と支援を得て社会主義に前進しようとしたロバート・オーエン等による「空想的社会主義」の残滓があったと言えるかもしれません。

じつは、これについては、後にエンゲルス自身が反省の弁を述べています。「ドイツ語第2版（1892年）序文」の中で、この著作全体の若さを指摘し、理論的弱点の第一に、この社会革命論の曖昧さをあげたのです。

「この書物の一般的な理論的立場――哲学的、経済学的、政治的な点で――が、私の現在の立場は厳密には一致していないことを、のべる必要はないであろう。一八四四年には近代的な国際的社会主義はまだ存在していなかった。それ以後、とくに、ほとんどもっぱらマルクスの業績によって、それは一つの科学にまで育てあげられた。私の書物は、その萌芽的発展の一つの局面をあらわしていただけにすぎない。そして人間の胎児がそのもっとも初期の発展段階に、われわれの先祖である魚の鰓《えら》をいまなお再現するように、この書物もいたるところで、近代社会主義がその先祖の一つ――ドイツ古典哲学――の血を引いていることの痕跡をしめしている。そのために、共産主義はたんなる労働者階級の党派的教義ではなく、資本家をふくめ社会全体を現在の閉塞状態から解放することを最終目標とする理論であるという主張に——とくに結論のところで——大きな力点がおかれている。これは抽象的な意味では正しいが、実践的には、多くの場合、無益というよりは有害である。有産階級が解放の必要を感じていないばかりでなく、労働者階級の自己解放にも全力をあげて抵抗しているかぎり、そのかぎり、労働者階級はともかくも社会変革を単独で開始し、遂行する必要がある」（下・203〜204ページ）

ここでは、資本家たちの階級的な特権を排するための革命で、資本家たちの自発的な宥和の姿勢に期待をかけることの誤りが、はっきりと指摘されています。

同時に、少し付け加えておけば、これを書いた晩年のエンゲルスは、革命がフランス革命のような蜂起によって行われるのではなく、議会と選挙をつうじた多数者の合意にしたがって、しかも資本主義の枠内における段階的な改革の積み上げの末に行われることを展望するようになっていました。それは最終的な革命への合意に、資本家が加わる可能性を、最初から排除するものではありません。右の文章の最後に「そのかぎり」が強調されているのは、その点での判断の慎重さを表すものとなっています。

『イギリスにおける労働者階級の状態』の紹介と解説は、ここまでとしておきます。

3、若きエンゲルスの思想形成

▽パリのマルクスとの意見の一致

１８４４年11月19日付のマルクスへの手紙で、エンゲルスは『イギリスにおける労働者階級の状態』の執筆の様子を、次のように伝えています。

「僕は耳の上までイギリスの新聞や本のなかに埋まっている。これらのものによって、イギリスのプロレタリアの状態に関する僕の著書をまとめるわけです。最も困難な仕事、材料の整理は、この一、二週間ですませたので、一月の中旬か下旬までにはでき上がると思う。イギリス人にみごとな罪状目録を作ってやるつもりです」（エンゲルスからマルクスへの手紙、『マルクス＝エンゲルス全集』第27巻、9～10ページ）

実際には、原稿の完成は45年3月となり、出版は5月のこととなりました。

エンゲルスがマルクスに、このように仕事の状況を親しく手紙で伝えているのは、すでに両者のあいだに深い信頼関係が築かれていたからでした。44年8月、マンチェスターでの経営者修行を終えたエンゲルスは、バルメンにもどる途中、パリのマルクスのところに立ち寄り、10日ほどの滞在の中で両者は完全な意見の一致を見ていました。手紙の交換はそれよりもう少し早く開始されていましたが、終生に渡る二人の共同が開始されたのは、44年8月からのことでした。

この時の二人の意見の一致に向けて、マルクスがどのような思想的成長をへていたかについては、『若マルⅠ』のあちこちで紹介してきました。しかし、ここにいたるエンゲルスの成長については、どこにもまったくふれていません。そこで以下では、マルクスとの意見の一致にいたる若きエンゲルスの思想的成長の過程を、年譜調で簡単に追いかけておきたいと思います。

∇厳格な「敬虔主義」とのたたかいから

1820年11月28日、エンゲルスは、バルメンの織物工場主であるフリードリヒ・エンゲルスとエリーゼの長男として生まれました。マルクスより2歳半ほど年下です。

父親は、聖書の一字一句を信じ、非宗教的な娯楽のすべてを罪深いものと考え、そのように考えない者には不寛容な態度をとる「敬虔主義派」の支持者でした。父親は息子に自分と同じ名前をつけたわけですが、そこには経営者としても、信仰者としても「自分と同じような人間になれ」という願いがこめられていたのでしょう。エンゲルスにとっては、これが人生の苦難のそもそもの始まりとなりました。

１８３４年10月、エンゲルスはギムナジウムに入学するために、一人で隣町のエルバーフェルトに移ります。それまで通っていたバルメンの町立学校もそうでしたが、このギムナジウムも敬虔主義派の理事会が管理、運営する宗教色の強い学校でした。エンゲルスは校長先生の家に寄宿させられますが、この時、父エンゲルスは、ここで息子の「無思想と感性のなさ」が克服されることを期待していました。すでに息子の思想や信仰に、父は不安を抱いていたわけです。

エンゲルスは、ギムナジウムで歴史やドイツ古典など各国の文学に熱中し、また数学や物理学などにも「優秀な理解力」を示しました。また、騎士と女性の「自由」な恋物語をふんだんに含む『13世紀の騎士物語』を読んで、父親を嘆かせることもありました。しかし、大学入学のための最終試験を受ける1年前、１８３７年9月に、父は息子をギムナジウムから引き戻し、バルメンの商会ではたらかせはじめます。

１年後の１８３８年8月には、ピーター、アンソニー、ゴッドフリのエルメン兄弟と父エンゲルスとの契約が成立し、イギリスのマンチェスターに、エルメン・アンド・エンゲルス商会が設立されました。エンゲルスは、その直前にイギリスに送りこまれ、経営者修行のためにブレーメンの商会に就職させられます。

父親の監視が届かないイギリスで、エンゲルスはさらに文学に親しみ、職業上も必要とされた外国語を熱心に学び、時の社会問題に関する執筆活動も開始します。妹のマリーに宛てた手紙には、ビールやダンスやフェンシングなどの話も登場しますし、「25カ国語がわかる」「日本語もやった」と伝えてもいます。

本格的な社会批評の開始は、1839年3月のことでした。ハンブルクで刊行されていた文芸誌『テレグラフ・フュール・ドイッチュラント』に、フリードリヒ・オスヴァルトというペンネームで「ヴッパータールだより」を連載したのです。ブッパータールというのは、ライン河の支流のヴッパー河沿いに発展したバルメンとエルバーフェルトを中心とした工業地帯のことです。エンゲルスはここで、多くの子どもをふくむ労働者の過酷な運命とそれを強いる経営者の姿を実名入りで告発し、さらに、それを合理化する敬虔主義派の偏狭な考えを批判したのでした。

エンゲルスが敬虔主義派の厳格な宗教を批判するのに際して、重要な役割を果したのは、1835〜6年に出版されたダーフィト・シュトラウスの『イエス伝』でした。シュトラウスは青年ヘーゲル派（ヘーゲル左派）の一員で、『聖書』の中の「奇跡」を否定し、ヘーゲルの歴史哲学を発展させる立場から、イエス個人の役割を相対化するキリスト教解釈を主張しました。1839年10月の友人への手紙で「信仰よさらばだ！」と書いたエンゲルスは、ここからヘーゲルの歴史哲学の研究に進んでいきます。

1841年3月、エンゲルスはブレーメンでの修行を終えて、バルメンにもどりました。しかし、半年後の9月にはプロイセンによる兵役の義務に応じて、1年志願兵（42年8月まで）としてベルリンに移ります。志願の主な動機は、バルメンの生活から離れることと、ベルリン大学に身を投ずることでした。

ベルリンのプロイセン近衛砲兵隊――任務はプロイセン王室の擁護――での兵役のかたわら、ベルリン大学での聴講を開始したエンゲルスは、ブルーノ・バウアーなど青年ヘーゲル派の中心メンバーと親しくなります。これは４年前の１８３７年にマルクスも加わっていたグループで、ボン大学で教職をめざしていたマルクスは、同じ41年にもブルーノ・バウアーと接していましたから、マルクスの噂はすぐにエンゲルスの耳にも入ったのでしょう。

その後、41年11月に、哲学者フリードリヒ・ヴィルヘルム・ヨーゼフ・フォン・シェリング（長い！）による連続講座が開講されます。内容はヘーゲル哲学を批判するものでしたが、シェリングは、ヘーゲルの合理的・革命的側面――他方で、非常に保守的な面もありましたが――に、政治的危険を感じとった新国王フリードリヒ・ヴィルヘルム4世に後押しされた人物でした。

この講義を聞きながら、エンゲルスは「シェリングと啓示」など3編の批判論文を発表します。同時に、エンゲルスは、ヘーゲルの弟子でありながらヘーゲルを唯物論の立場から乗り越えようとした、ルードヴィヒ・フォイエルバッハの『キリスト教の本質』（１８４１年）を研究し、これを熱狂的に歓迎します。これが観念論から唯物論へというエンゲルスの世界観の決定的な転換の瞬間となりました。

▽共産主義の運動の中へ

1842年4月から、エンゲルスは創刊されたばかりの「ライン新聞」に一連の政論を寄稿します。直後の5月には、大学への就職をあきらめたマルクス——新国王の下での政治の反動化により、あてにしていたブルーノ・バウアーが逆にボン大学を辞めさせせられてしまったのです——も、「ライン新聞」への協力を開始しました。マルクスがこの新聞の編集者の1人になるのは10月のことですが、同じ頃、バルメンにもどる途中、ケルンの編集部を訪れたエンゲルスは、自分から文通を始めていた編集者のモーゼス・ヘスと会っています。

ヘスは、ドイツにおける「哲学的共産主義」の代表的な提唱者で、エンゲルスはこの時期、ヘスの影響を強く受けています。『神聖な人類史』（1837年）で、ヘスは人類史を神と自然の合一ととらえ、それによって実現される「神の国」を、自由と平等の国であり、また私有財産が廃止された「共産主義」の国だと述べていました。また『ヨーロッパの三頭政治』（1841年）では、ドイツの宗教改革で精神的自由が、フランス革命で政治的自由が獲得された今日、次の課題は社会的平等のためのイギリスでの革命なのだと主張してもいました。

後の『イギリスにおける労働者階級の状態』にも、「産業革命はイギリスにとって、フランスにとっての政治革命、ドイツにとっての哲学革命とまったく同様の意義をもち」（上・40ページ）という文章が出てきますが、そこには、まだヘスの影響が残っていたのかもしれません。

１８４２年11月、ベルリンからバルメンにもどった1か月後に、エンゲルスは、マンチェスターのエルメン・アンド・エンゲルス商会に向かいます。この時、父エンゲルスは、息子を「救済するものは天上から来るにちがいない」と述べ、息子にドイツの怪しげな仲間たちと手を切り、経営者として成長することを期待していました。

しかし、エンゲルスはそのマンチェスターに向かう途中に、再び「ライン新聞」の編集部を訪問します。これがマルクスとの冷やかな初対面を生みました。この頃、青年ヘーゲル派のバウアー兄弟（ブルーノとエトガル）と対決する態度をとっていたマルクスは、エンゲルスを彼らの同盟者だと誤解したのでした。

11月の終わりにマンチェスターに到着したエンゲルスは、経営者仕事のかたわら、「ライン新聞」などに精力的に論説を書いていきます。その中には「イギリスにおける労働者階級の状態」という、後の著作とまったく同じ題名のものもありました。

世界ではじめての「産業革命」が、イギリスの社会と労働者にどのような影響を与えているのかを、エンゲルスは自分の目で見、耳で聞き、たくさんの文献や政府資料にも目を通しながら、観察を深めていきました。アイルランド人の女性労働者メアリー・バーンズと恋仲になったのは、１８４３

年のことだとされています。

さらにエンゲルスは、1843年5・6月頃に、後に共産主義者同盟――1848年に『共産党宣言』を綱領としていく団体です――の幹部になる「正義者同盟」(義人同盟)のカール・シャッパーやヨーゼフ・モルと連絡をつけ、43年秋には、チャーティスト運動の指導者だったジュリアン・ハーニとも知り合います。そして、43年11月には、オーウェン主義者の機関紙「ニュー・モラル・ワールド」にも寄稿を開始します。工場経営者という立場でありながら、各種の労働者集会にも精力的に参加しました。

他方で、アダム・スミスやデイビッド・リカードなどの古典派経済学や、サン・シモン、フランソワ・マリ・シャルル・フーリエ、ロバート・オーウェンなどの空想的社会主義や、ピエール・ジョセフ・プルードンの社会主義論も研究し、その最初の成果のひとつとして、1843年11月に「国民経済学批判大綱」を書き――ここですでにブルジョア社会の根本問題は「競争」にあることが示されていました――、44年1月には「イギリスの状態。トマス・カーライル『過去と現在』」を書いています。なお、「競争」の重視については、オーウェン派のジョン・ワッツの影響もあったようです。

このふたつの論文は、44年2月に、『独仏年誌』に掲載されました。『独仏年誌』は、1843年3月に「ライン新聞」を去ったマルクスが、アーノルド・ルーゲとともにパリで創刊した――最初の合本だけが発行された――雑誌です。「ライン新聞」での体験から、経済問題に通じることの必要を痛感していたマルクスは、エンゲルスの「国民経済学批判大綱」に衝撃を受け、そこから二人は文通をすすめます。これがきっかけとなって、マルクスは、初めての経済学研究である『経済学・哲学手稿』に取り組むことになるのでした。

『独仏年誌』にマルクスが書いたのは「ヘーゲル法哲学批判序説」と「ユダヤ人問題によせて」でしたが、「序説」の中で、ドイツ解放の担い手はプロレタリアートであり、人間解放の「心臓はプロレタリアート」だと書いたマルクスも、この時には、まだプロレタリアートの実像を十分には知らず、労働者運動の活動家との交流もほとんどもっていませんでした。これを急速に埋めさせていったのが、イギリスにおけるエンゲルスの体験と研究でした。

∇マルクスとの共同のはじまり

1844年8月末、イギリスからドイツへの帰国の途中、エンゲルスはパリのマルクス宅を訪れ、互いの思想の深い一致を確認します。ここから、終生に渡る2人の共同がいよいよはじまります。青年ヘーゲル派の中心人物であるブルーノ・バウアーを批判する書物のための7つの章を一気に書いて、エンゲルスは9月初めにバルメンにもどります。

1844年9月後半から45年3月までに、エンゲルスはバルメンで著書『イギリスにおける労働者階級の状態』を執筆し、同時に、ヘスとともにライン州で社会主義の宣伝や組織化に取り組みます。

1845年2月には、マルクスとの共著『聖家族。別名批判的批判の批判。ブルーノ・バウアーとその伴侶を駁する』が刊行されました。原稿の多くはマルクスが書き、書名の「聖家族」も出版の最後の段階でマルクスが追加したものでした。しかし、著者名はエンゲルスが先になっており、この書名は「信心深い」父とエンゲルスの不仲をさらに決定的にしていきました。

1845年4月、エンゲルスは、パリを追放されたマルクスが2月に移ったブリュッセルに、自分も移転していきます。エンゲルスも、直前の2月にエルバーフェルトでヘスと協力して行った集会で「共産主義」――とくにロバート・オーエンの――を擁護する演説を行ったことで、プロイセンを追放されていたのでした。エンゲルスは、マルクスとともにベルギーの社会運動家、ポーランドからの政治亡命者等との交流を深めます。1845年5月には、ライプツィヒで『イギリスにおける労働者階級の状態』を出版しました。

1845年7月から8月にかけて、エンゲルスはマルクスとロンドンやマンチェスターを訪れ、特にマンチェスターのチータム図書館でイギリスの古典派経済学を研究します。この時のノートが「マンチェスター・ノート」と呼ばれて残されていますが、内容は、エンゲルスがマルクスの研究の協力者役を引き受けるというものになっています。『経済学・哲学手稿』をへて、経済学研究をめぐるリーダーシップは、エンゲルスからマルクスにすでに移っていたのでした。この時、2人は、チャーティストや正義者同盟はじめ各国の運動家との交流も行っています。

１８４５年8月の終わりにブリュッセルにもどった2人は、アパートの隣同士でそれぞれイェニー、メアリーとともに暮らし、11月には『ドイツ・イデオロギー』の執筆にはいります。これは史的唯物論の確立をつうじて、いわゆるマルクス主義の理論の土台を形成するものとなった労作でした。１８４６年はじめに、２人はブリュッセルに共産主義者通信委員会を設置し、この活動をきっかけに共産主義者同盟に加わります。エンゲルスは１８４７年10月に『共産主義の原理』を執筆し――共産主義者同盟の綱領草案として、ヘスへの批判もこめて書かれたものです――、これが１８４８年2月のマルクスによる『共産党宣言』を準備するものとなったのでした。

例によって、長くなってしまいました。なんとか1・5万字におさめたいと思って始めたのですが。年譜調に若いエンゲルスの人生をたどったのは初めてのことで、まだ消化しきれないところがたくさんあるというのが実感です――特にそれ以前の社会主義・共産主義の理論や運動との接点について――が、それでも、後に『イギリスにおける労働者階級の状態』を、自分たちの理論の「萌芽的発展の一つの局面」と特徴づけたことの意味が、少しはわかりやすくなったように思っています。

今日は、２０１６年8月15日です。例年この時期には、不十分ではあってもかつての戦争を振り返るテレビ番組がたくさん放映されますが、今年はずいぶん数が少ないようです。これも今の「時局」のなせる業でしょうか。なんとか転換していきたいものですね。

『若者よ、マルクスを読もう II』中国語版への序文
（2021年3月31日）

＊本書への収録にあたり、若干の加筆を行っています。

石川康宏

日本でのマルクス主義の運動と研究

中国のみなさん、こんにちは。石川康宏です。日本の神戸女学院大学で経済学を教えています（22年3月末で退職）。学生といっしょに日本軍「慰安婦」問題を勉強したり、原発事故のあった福島の被災地を訪れたり、最近では日本の先住民族であるアイヌについて勉強したりもしています。いろいろなテーマについて自由に学ばせてくれる神戸女学院大学には感謝しています。

この本を一緒に書いている内田樹先生も、同じ神戸女学院大学に勤めておられました。内田先生が先輩です。ぼくがこの大学に就職したのは1995年のことでしたから、おつきあいはもう25年を超えるまでになりました。

『若者よ、マルクスを読もう』という本を書き始めたのは、2008年のことで、それ以後、同

じタイトルのシリーズもので3冊、他にこれをサブタイトルにした番外編が1冊、合計4冊が日本で出版されています。みなさんが手にしているのは、このシリーズの2冊目のものですが、いまぼくたちはマルクスの『資本論』をテーマにして、5冊目の本を書いているところです。

▽マルクスとの出会い

ぼくは1957年生まれ、63歳の男性です（この中国語版が出るころには64歳です）。かつて「大日本帝国」と名乗っていた日本が、アジアのみなさんに深刻な被害を与えた侵略戦争に敗北し、その12年後に生まれた年代です。ぼくの子どものころには、戦争で腕を失ったり、足を失ったりという大人の姿を、街の中でも見かけることがありました。子ども心にもつらい気持ちになったことを覚えています。

日本は6歳から小学生、12歳から中学生、15歳から高校生、18歳から大学生というのが最も多いパターンの教育制度となっています。現在では18歳人口の半数以上が4年制の大学や2年生の短期大学などに進学しますが、ぼくが18歳だった1975年の大学・短大への進学率は30％をようやく超えたところでした。男女格差も大きくて、いま4年制で調べてみると、男性の進学率が41％なのに対して、女性はまだ13％ほどでした。ぼくの年代の日本のおじさんたちは、そういう男性中心型の社会で生きてきたということです。その是正は、日本でも大きな課題になっています。

生まれてから高校生の終わりまで、ぼくは札幌という雪の多い街で暮らしましたが、1975年に京都という歴史の長い街に移りました。立命館大学に入学するためです。ぼくがはじめてマルクスを読んだのは、この大学でのことでした。

当時の立命館大学には、アメリカが行なっていた侵略戦争に反対する取り組みや、巨大な資本の金もうけを最優先する政治の転換を求める運動などが行われていました。1975年はアメリカがベトナムとの戦争に敗北した年でしたが、それまで日本政府は長くアメリカを支援していましたから、学生たちは政府のそうした姿勢を変えたいと願っていたわけです。学生だけでなく、教職員もそんな運動に取り組んでいました。

そうした熱気のある空間で、ぼくは先輩たちに誘われてマルクスをはじめて読み、その学問と生き方にひきつけられるようになり、次第に「より平和で、より民主主義の進んだ日本」をめざす運動に参加するようになりました。

そんなふうに社会運動ばかりに熱心だったので、立命館大学を卒業するのにはずいぶん時間がかかりました。また、その後、京都大学の大学院で専門的な経済学の研究をはじめましたが、それにもずいぶん時間がかかりました。すでに38歳になっていた1995年に神戸女学院大学に就職することができたのは、とても幸運なことだったと思っています。それからさらに長い年月がすぎ、はじめてマルクスを読んだ18歳の時から、もう45年がたちました。

▽社会を科学の目でとらえようとしたマルクス

さてマルクスというのは、いったいどういう人物なのか。この本を手にとったみなさんには、すでに自明なことかも知れませんが、若い読者を想定して、ここで少しだけ紹介しておきましょう。

カール・マルクスは1818年にプロイセン王国（現在のドイツの南西部）に生まれた男性で、長くイギリスで亡命生活を送り、1883年に65歳で亡くなりました。マルクスは『資本論』に代表される資本主義社会の精緻な分析を残した学者であり、資本主義社会の欠陥を乗り越える新しい社会をめざした革命家でもありました。マルクスが活躍した19世紀の半ばには、資本主義の次に生まれる労働者が主人公の新しい社会のことを、多くの人が社会主義とか共産主義という言葉で呼んでいました。マルクスもそれらの言葉を継承しましたが、より積極的に自身の未来社会論を語る時には、それを「協同的生産様式」といった言葉で表現しています。

その内容についてマルクスは「共同的生産手段で労働し自分たちの多くの個人的労働力を自覚的に一つの社会的労働力として支出する自由な人々の連合体」（『資本論』）と書いています。資本家など他の誰かに強制されてではなく、労働者が自ら進んで、自分と社会のために力をあわせてはたらくことが当たり前の社会ということです。しかし、マルクスの未来社会論は、これにとどまるものではありません。労働者が協同してはたらくとなれば、当然、労働時間や労働の強度などの労働条件も、労働者たちが相談して決めることになっていきます。そこでは労働の生産力をあげながら、他方で労働時間を短くし、各人が自由に処理できる時間を増やすことが可能になります。この自由時間の中で、人はそれぞれの能力を多面的に発展させる。マルクスは、それが未来社会の新しい重要な特徴になると展望しました。マルクスはそういう社会を社会主義のあるべき姿と考え、そういう社会をめざして資本主義のしくみと闘ったのでした。

マルクスは資本主義（まだ生まれたばかりの資本主義でしたが）を改革するには、資本主義社会の内的な運動法則をとらえることが必要だと考えました。そして自然科学が自然を分析するのと同じように、科学の目をもって人間社会を分析しました。たくさんの国や地域の歴史を学び、19世紀の同時代の様々な国の違いも研究していきます。そうして積み重ねられたマルクスの研究は、大きくわけると世界観（哲学）、経済理論、資本主義の次に来る未来社会論、資本主義の改革・革命論という4つの分野にわけられます。その4つは互いに深く結びつきあうものでした。

▽理論を具体化しての命がけの闘い

日本社会にマルクスの理論がどのように導入され、その後どのように発展させられたかについても少し書いておきましょう。

まず日本社会への導入ですが、その時期はちょうど20世紀がはじまる頃のことでした。マルクスが亡くなった20年後の１９０３年に、幸徳秋水の『社会主義神髄』と片山潜の『我社会主義』という本が出されていますが、どちらもマルクスの思想にふれるものでした。１９０６年には堺利彦が『社会主義研究』という雑誌を出し始め、これにはマルクスの『共産党宣言』のはじめての全訳、エンゲルスの『空想から科学への社会主義の発展』の翻訳などが掲載されました。

しかし、これらの動きを危険視した大日本帝国の天皇制政府は、１９１０年に「大逆事件」というありもしない事件をでっちあげて、幸徳等12名を死刑にしてしまいます。人の命さえ奪うことを厭わないはげしい弾圧のはじまりでした。

その中でも人々の闘いは拡がっていき、労働組合運動や農民運動が発展し、１９２２年には日本共産党が秘密裡に設立されます。たった8人からのスタートでした。ここからマルクスをそのまま紹介するだけではない、日本の具体的な条件の下での社会主義への道、それにふさわしい闘い方などの自主的な探求がはじまります。１９２７年には、国家権力に対しては非合法だが、市民に対しては堂々と存在を示すという方針が決められて、１９２８年から「赤旗」という機関紙が発行されるようにもなりました。

政府による弾圧はますます激しくなってきます。１９２３年に起こった「関東大震災」（東京周辺での大きな地震と火災の災害でした）をきっかけに、警察と軍隊によって共産党員やその周辺の労働者、朝鮮人等が殺されるという事件が起こります。大杉栄という有名な無政府主義者等もこの時に殺されました。1925年には共産党への大規模な弾圧を準備するために治安維持法という法律がつくられ、1928年には、天皇制や私有財産制（資本主義）の転換をめざす者の最高刑を死刑に引き上げます。1928年3月15日と1929年4月16日には全国一斉に、それぞれ千数百人の共産党員と支持者が検挙され、少なくない人が命を奪われました。

これほどに厳しい弾圧の中ですから、非合法活動はもう無理だ、当面は天皇制の権力が認める範囲で合法的な闘いをするべきだという考え方も出てきます。こうした考えを主張した人たちは「労農派」と呼ばれる流れをつくりました。また検挙された共産党の幹部が、獄中で拷問や脅迫、あるいは甘言に屈するということも起こりました。他方で、徳田球一は18年、宮本顕治は12年など、節を曲げずに長く獄中で闘った党員が、戦後の共産党の幹部になるという歴史も後に生まれます。

1931年9月に大日本帝国は「満州」で中国に対する侵略戦争を開始しますが、日本共産党はその翌日に「帝国主義戦争反対、中国から手を引け」というビラを日本共産党の名前をはっきりと示して配りました。ビラを配る側も、受け取る側も命がけの活動でした。

理論の発展という問題にもどっておけば、1933年に33歳で共産党の責任者となった野呂栄太郎は、マルクスの経済学や史的唯物論にもとづいて日本社会の歴史をはじめて総括的に分析した『日本資本主義発達史』（1930年）という本を書いた著名な研究者でもありました。この野呂が中心になって、前年の1932年から、多くの党員や周辺の研究者を集めた『日本資本主義発達史講座

（全7巻）』を発行します。これは日本社会の具体的な分析をつうじたマルクス理論の発展の先駆的な到達を示すものとして、当時の社会に大きな影響を与えました。また「労農派」の研究者が中心になって、１９２８年から１９３５年までの間に『マルクス＝エンゲルス全集』の日本語版が発行されましたが、これは第二次世界大戦前には世界で唯一日本でしか実現しなかったことでした。

過酷な弾圧と検挙の繰り返しによって、日本共産党は１９３５年には全国的な統一的活動を維持することができなくなります。しかし、その後も、獄中での法廷闘争、国内各地での党再建の運動、中国の日本人兵士のあいだでの反戦運動など、様々な闘いをそれぞれの場で続けていきました。

少し長くなりすぎてしまいました。中国への日本の侵略戦争の時代は、国内では民衆への監視と弾圧の時代であり、その中にも侵略戦争に反対し、民主主義のために命懸けで闘う人々がいたことを、ぜひ中国のみなさんにも知っていただきたいと思ってのことでした。

▽自主的で創造的な研究の展開

アジアへの侵略戦争は日本の敗北で終わりました。その後、１９４５年から52年まで、日本は連合国を代表したアメリカの軍事占領下におかれます。この占領の7年のあいだに日本社会は大きく姿を変えました。それが日本での社会科学の発展を強く求めるものにもなっていきます。

この時期の大きな社会の変化の１つは、日本がアジアの各地に植民地をもった帝国主義の国から、すべての植民地を失い、逆にアメリカの支配を強くうける従属国に逆転したということでした。変化の2つ目は、天皇が唯一の権力者だった専制政治の体制から、主権在民を原則とする民主主義の体制に、政治のしくみが変わったことです。戦前の民衆は「臣民＝天皇の家来」でしかありませんでしたから、これは本当に劇的な転換でした。3つ目は、天皇制とともに日本社会の前近代的な遅れのもととなっていた半封建的な地主制が解体され、その後、資本主義経済が大きく発展する条件がつくられたということでした。

こうした変化によって、社会主義にいたる日本社会の改革の道はどのように変化するのか、その探求が、日本共産党やマルクス主義者のあいだで行なわれていきます。その到達の柱の1つは、社会主義にいたる改革をいつの段階にも議会で多数を得て（国民多数の支持を得て）実現するという多数者革命論の明確化でした。2つ目はアメリカからの独立の課題を革命の課題ととらえること、つまり、それほどに深刻な権力的支配が日米間にはつくられているということの究明でした。3つ目は、その革命を社会主義革命ではなく、アメリカからの日本の独立と急速に巨大化した資本主義を民主的に制御する「反帝・反独占」の民主主義革命としたことでした。この民主主義革命を達成した後に、はじめて社会主義革命が新たな段階の課題になるという展望をもったのです。これらの方向は1960年代初頭に明らかにされたことでした。

その後、巨大資本の経営者が集まる財界やそれと密接につながった政党・政治家たちとの闘いの中で、あらためてマルクスの研究の到達点をよく検討し、1970年代には、人間の自由と民主主義の発展をいつでも社会発展の本道に位置づけることや、他民族、他の国との間にも民主的な相互尊重の関係をつくりだすことがマルクス本来の立場であることなどが究明されました。また1980年代には「資本主義の全般的危機」論という資本主義の自動没落論ともいうべき古い考え方を払拭し、1990年代初頭のソ連・東欧諸国の崩壊に際しては、あらためてマルクスの未来社会論への検討を深めました。そして、先にもふれたように、そこには資本主義的な労資関係からの労働者の解放だけではなく、労働時間の短縮と自由時間の拡大の中で、あらゆる人が個性や能力を自由に発展させることのできる社会という壮大な展望を発見しもしたのでした。このように現在の闘いが直面する課題とむすびつけて、マルクスの研究を汲み尽し、それを発展させる試みはいまも進展しています。

▽原理主義や神格化ではなく

もちろんこのようにマルクスを研究するということは、マルクスをいつでも正しいとする原理主義やマルクスの行動のすべてを正当化する神格化の立場をとることと同じではありません。そうした姿勢が学問をする者の姿勢とまるで相いれないことについては、特に説明の必要はないでしょう。

その点で、最近の日本社会では、マルクスの研究成果をマルクスの成長や発展の歴史の中に位置づけてとらえることの重要性が共有されつつあります。当然のことですが、29歳の時に書かれた『共産党宣言』と、48歳の時に初版が出された『資本論』第1部（それ以後も書き直しが行なわれましたが）では、理論的成熟度がまったく違っています。両者を同じ地平において「どちらも正しい」とすることはできません。若いマルクスの未熟さを、成長するマルクスがどのように乗り越えていったのか、その変化の過程を確認する作業が進んでいます。また、マルクスとエンゲルスの理論的な認識の一致点と相違点、マルクスとレーニンの一致点と相違点なども、事実にそってずいぶん明らかにされてきました。このようにマルクスの研究自体を科学的な分析の対象とすることは「すべてを疑え」という言葉を愛したマルクス自身の精神にも合致することです。『若者よ、マルクスを読もう』のシリーズでも、取り上げる文献の1つ1つがマルクスのどういう成長の段階にあるかに注意してきたつもりです。そのあたりも読み取っていただけると嬉しいです。

ずいぶん長い序文になってしまいました。では、本文をお楽しみください。

日本におけるマルクス受容の特徴について

内田樹

中国のみなさん、こんにちは。内田樹です。

『若者よマルクスを読もう』第二巻の中国語訳が出ることになりました。翻訳出版の労をとってくださった方々にまずお礼を申し上げます。ありがとうございました。

このシリーズはマルクスの代表的なテクストを『共産党宣言』から『資本論』までを選んで、経済学者の石川康宏先生と僕があれこれと解説するもので、全4巻で完結する予定です（いま、僕と石川さんは第4巻のために『資本論』をめぐって書簡をやりとりしているところです）。

この本がどういう企図で書かれることになったのかについては、第1巻にかなり詳しく書いてあります。たいせつなことだけ、もう一度確認しておきたいと思います。

▽日本の若者が読解力を失ったわけではない

この本は日本の高校生を想定読者に書かれました。ぜひ日本の高校生たちにマルクスを読んで欲しかったからです。

半世紀ほど前までは、マルクスを読むことは日本の「知的であろうとする若者」にとっては一種の「義務」のようなものでした。その知的習慣がいつのまにか失われました。その伝統の消滅を石川先生と僕はとても残念に思っていました。ですから、ぜひもう一度若者たちにマルクスを手に取って欲しいと思ってこのシリーズを書き始めました。

ただ、僕たちがいくら頑張っても、もう一度日本の若者たちが「知的義務」としてマルクスを読む時代が戻るかどうか、それについてあまり楽観的にはなれません。というのは、過去に日本の若者たちが基礎的教養としてマルクスを読んだのには、それなりの歴史的条件があったからです。

マルクスを読まなければならないという歴史的な要請があり、それに応えて青年たちはマルクスを読んだ。でも、ある時期から、そのような歴史的条件が失われた。だから、読まなくなった。別に日本の若者たちが知的に怠惰になったとか、読解力を失ったということではないと思います。時代が変わったのです。でも、時代が変わったというのは、いったい何がどう変わったということなのか？　中国語版序文として、それについての僕なりの仮説を書いてみたいと思います。

明治時代から昭和時代まで、約1世紀にわたって、マルクスを読むことは日本の青年たちにとって一種の知的な通過儀礼であり、一種の義務でした。マルクスを読んでいないと「一人前の大人」としては認知されなかった。

ただし、これはいささか変わった「義務」でした。それは「マルクスを読んで理解する」義務であって、「マルクス主義者になる義務」ではなかったからです。

その意味で、日本におけるマルクス受容は聖書の受容と似ていたように思えます。

▽明治時代の青年が最初に聖書を読んだ理由

明治維新以後の日本の近代化の過程で、知的青年たちにとってまっさきに「読む義務」が課された図書は新約聖書でした。それまでは四書五経が若き読書人たちの必読文献だったわけですから、これはまことに大きな転換でした。それは日本人にとって自己造形のロールモデルが中国から西洋にシフトしたということを意味していました。

でも、明治の青年たちにとって、聖書を読むことは、キリスト教徒になるための訓練ではありませんでした。どんな宗教でも、聖典を読むだけで人は信者になることはできません。信仰を持つとは儀礼を守ることです。祈りを捧げ、服飾や食事の儀礼を守り、聖務日課を実修することです。でも、明治時代の知的青年に求められたのは、そういうことではありませんでした。求められたのは、あくまで聖書を読み、その教えの内容を理解することでした。信仰を持つことではなく、何より学習することでした。西洋人たちがいったいどのような死生観や倫理規範でおのれを律しているのか、それを知ることが、後進国の知識人青年にとっては喫緊の課題だったのです。

ですから、聖書とほぼ同時に必読文献として推奨されたのが、J・S・ミルの『自由論』やハーバード・スペンサーの社会進化論であったのも当然なのです。これらはまったく宗教性のない書物でした。けれども、聖書と同じように読書が義務づけられました。それは、欧米の政治指導者たちがどのような統治理念に基づいて判断し行動しているのか、彼らがアジア諸国に対してこれからどうふるまうつもりなのかを知る必要があったからです。国際社会に「新参者」として登場する明治の日本人にとって、それは必須の情報でした。

そして、その次にマルクスを読むことが推奨される時代が到来しました。「支配する者たち」が何を考えて、何をしようとしているのかを学習したら、次は「支配されている民衆たち」が何を考え、何をしようとしているのかを知る必要があります。論理的には当然です。もし、欧米の民衆の間に、現行の統治システムの安定を脅かして、いずれ大きなうねりとなりそうな理論と運動が存在するとしたら、それがどのようなものであるかも知っておく必要があります。それは間接的には日本の運命にもかかわる可能性があるからです。だとすれば、それも学習しておかなければならない。明治の日本人はおおむねそういう順番で欧米列強の「国のかたち」を知ろうとした。僕はそんなふうに推論します。

まずキリスト教を学習した。それが欧米諸国の判断と行動のもっとも根底にあるものだと思われたからです。宗教によって構築された世界観。これがそれぞれの文化圏における「定数」に当たります。長い歴史的時間をかけてゆっくりと熟成したものですから容易には変化することがありません。それが諸国民の心性の深層を形成します。

そして、その歴史的・文化的「定数」という軌道の上を、今度はさまざまな「変数」が遷移してゆきます。政治・経済のシステムや科学技術や学問や芸術がその「変数」に当たります。歴史が教えるのは、これらの「変数」のうちで、その「国のかたち」に決定的な変化をもたらすことができるものは、「定数」の軌道上を走るものに限られるということです。ある国について、そのつどの外交や財政や国防についての政策上の推移だけを追いかけても、その国の本質的な傾向はわかりません。僕たちの眼に見えている政策群は、複数のファクターの関与でくるくる変わる「変数」に過ぎません。ある国のふるまいを記述し、理解し、とりわけ予測するためには、どうしてもそれらの国々の「定数」を見出す必要があります。

19世紀末に国際社会に登場した後進国日本が欧米列強による植民地化を逃れて、生き延びるためには、できるだけ早く欧米諸国の「定数」を発見することが急務でした。明治日本の「近代化」と呼ばれるものは、その努力のあとを示していたと僕は思います。

∇マルクスを読んだのは実践のためではなかった

マルクス主義は欧米諸国の未来を予測するための必須の情報として日本人に受容されました。欧米諸国でこれから先にもし劇的な政治経済システムの変動があるとすれば、それを領導する思想はマルクス主義以外にはないだろうという見通しとともにマルクス主義は受容されたのです。

このような歴史的条件を踏まえるならば、どうして、日本におけるマルクス受容が「実践」よりもむしろ「学習」に軸足を置いて進められたのか、その理由が理解できるはずです。欧米と違うのは、研究の深度や広がりの違いではありません。マルクス読解が実践のためだったのか、学習のためだったのか、その違いです。

欧米では、労働者であれ、知識人であれ、マルクスを「知的義務」として読むという人はまず存在しないと思います。労働者がマルクスを手に取るとき、それは何よりもまず自分自身の現実を記述し、説明してくれるものとして、です。そこに自分がなすべき行動の指針を求めて読む。そういうすぐれて実践的な読み方をする。そこに「自分のこと」が書いてあると思う労働者がマルクスを読む。そこには「自分のこと」が書かれていないと思う人は、サン＝シモンでも、クロポトキンでも、バクーニンでも、マルクス以外の人の書物を読む。労働者たちはそこに「自分のこと」が書かれている本を手に取る。「自分のこと」が書かれていない本は手に取らない。簡単な話です。別に道徳的義務としてマルクスを読まねばならないとか、知的通過儀礼としてマルクスを読まねばならないというような心理的圧力は欧米には存在しなかった。マルクスを手に取った労働者は、その時点ですでに先駆的にマルクス主義者であり、マルクス主義者としてマルクスを読んだ。それは山上の垂訓に耳を傾けていたユダヤ人たちは、その時点ですでに先駆的にキリスト教徒であり、キリスト教徒としてイエスの話を聴いていたというのと同じ構造です。

逆に、資本家やブルジョワにとってマルクスは蛇蝎の如く忌まわしいものです。彼らの頭上に「鉄槌」が下ることの歴史的必然性が述べられているわけですから、手に取るどころか、できればその名前さえ口にしたくはない。ブルジョワ知識人の書架にマルクスの書物が並んでいたら、それはきわめてシニカルなふるまいであり、紳士に許されざる「マナー違反」と見なされたはずです。

つまり、自分の人生と直接関係はないけれども、一体どんなことが書いてあるのか、純粋に知的興味に惹かれてマルクスを読むという人は、欧米諸国にはほとんどいなかったか、仮にいても、例外的な少数にとどまっていたということです。現に、欧米の19世紀、20世紀の小説の中で、おのれの階級性とまったく無関係に、純粋に知的関心からマルクスであれクロポトキンであれ、革命家の書物を読んでいるという登場人物を僕自身は、管見の及ぶ限り、読んだ記憶がありません。

日本におけるマルクス受容はそこが違います。日本では、マルクスを手に取るに先立って、自分は先駆的にマルクス主義者であるのか、先駆的に反マルクス主義者であるのか、立場を決する必要がありません。それは階級闘争が、日本ではとりあえず「他人ごと」だったからです。

『共産党宣言』は「ヨーロッパには幽霊が出る――共産主義という幽霊が」という有名な一句から始まります。幽霊が出るのはヨーロッパであって、日本列島ではありません。だから、マルクスを「自分ごと」として読むという切迫感は読者にはなかった。

それゆえ明治大正昭和を通じて、知的な若者たちは聖書を読み、ミルやスペンサーやベンサムやロックやルソーを読み、同じ文脈で、つまり欧米諸国はこれからどうなるのかという地政学的関心に基づいて、マルクスやクロポトキンを読んだ。欧米諸国の深層にひそむ「定数」を見出し、その「軌道」の上に展開するはずの次の行動を予測するために。それは第一義的には、日本における革命理論であるより先に、日本が生き延びるための情報だったのです。

∇戦前のマルクス主義者が「雪崩打って」転向できた理由

ですから、戦前の日本の場合、青年期にはマルクスボーイであったけれども、そのあと資本家になったり、リベラリストになったり、仏教徒になったり、天皇主義者になったり……というふうに多彩な履歴にばらけてゆくということが当然のようにありました。

１９２５年から45年までの間施行された治安維持法下で、多くのマルクス主義者が逮捕され、獄中で「転向」をしました。「転向」というのは拷問の苦痛に耐えかねて政治的信念を棄てるというパセティックな決断のことではありません。そうではなくて、マルクス主義の理論的な正否はさておき、この政治理論は日本社会にはうまく適用できないと認める静観的で知的な態度のことです。「転向」者に求められたのは、マルクス主義は所詮「他人ごと」であるとカミングアウトすることでした。ですから、政治的に誠実な活動家にとっても、転向は決してそれほど心理的には困難な事業ではなかった。

転向したマルクス主義者たちは、そのあと深刻な葛藤を経ずに、あるいは天皇主義者になり、あるいは仏教に帰依し、あるいは日本古典や古代史の研究に沈潜し、そして、その多くは日本のアジア諸国への帝国主義的侵略の（控えめな、あるいは積極的な）支持者になりました。

戦前の日本共産党の指導者であった佐野学・鍋山貞親は１９３３年、獄中転向に当たり、コミンテルンの指揮を離れて、「日本独自の一国社会主義革命を成し遂げる」ことへの路線変更を同志に訴えました。日本における革命は他国のそれとは違い、「日本的に、独創的に、個性的に、かつ極めて秩序的に開拓する」ものでなければならないというこの声明は驚くべき効果を発揮しました。ただちに多くの幹部党員や同伴知識人がこれに応じて雪崩打って転向を表明したからです。

「雪崩打って」転向できたのは、それが深刻な内的葛藤を求めないものだったからです。転向者たちが、別にことさらに不徳義で、意志の弱い人間であったと僕は思いません。彼らはマルクス主義者であったときも、そうでなくなったときも、本質的には同じ人間でした。政治的目標もそれほど変わってはいない。日本社会をもっと公正で、自由なものにしたい、そう願っていた。でも、検察官に「それよりも国として生き延びることの方が優先するんじゃないか？　国が滅びてしまったら、公正も自由もないだろう」と言い立てられると、言い返せなかった。

明治時代以来、日本の知的青年たちが欧米の宗教や思想や学術を必死で学んだのは、欧米諸国の「定数」を理解しないと、日本は生き延びることができないという前提があったからです。たいせつなのは、まず日本が生き延びることでした。日本における社会矛盾を解決するのは「その次」の話です。転向者たちはその順序を確認させられたに過ぎなかったのです。まず優先するのは「戦争に勝って生き延びることである」という言い分に頷いたときに彼らはマルクス主義者であることを止めて、愛国者に「戻った」のです。

▽いま再びマルクスを読む若者が増えてきたのはなぜか

戦後も事情は同じです。敗戦の瓦礫の中に立ち尽くした日本人たちが、アメリカの「属国」身分に堕した日本にこのあと主権国家として再生するチャンスはあるのかと自らに問うたとき、人々は再びマルクスを手に取りました。世界最大の資本主義国家アメリカに対抗しうる社会理論があるとすればマルクスのそれしかないと思ったからです。とりわけ、１９６０年代の終わり、日本がベトナム戦争でアメリカの後方支援基地となり、ベトナム特需で経済的に潤っているとき、属国民としてアジアの農民の虐殺に加担させられていることの屈辱感と疚しさに苦しんだ高校生、大学生たちはむさぼるようにマルクスを読みました。

でも、それが最後でした。そのあと、驚異の高度成長を経て、世界第二位の経済太刀国に成り上がり、「宗主国」アメリカの地位を脅かすまでになったときに日本人はマルクスを読む習慣を失いました。『ジャパン・アズ・ナンバーワン』がベストセラーになったということは、これからは日本人は「学習する」側から「学習される」側にポジションが移ったということだと日本人たちは考えました。欧米を脅威とみなす必要はもうなくなったのだと日本人が思い上がったときに、日本人にとってマルクスを読む必然性もまたなくなったのでした。

そして四半世紀ほどの歳月が経ち、いままたマルクスを読む若者たちが出てきました。それは身もふたもない言い方をすれば、日本がふたたび貧しくなったからです。マルクスが『資本論』で活写したような労働者の絶対的な貧困化、階層の二極化、支配層であるブルジョワジーの倫理的退廃が目に余るようになってきたからです。なぜこのような不条理な社会が出現したのか。それをみごとに説明し切ってくれる理説としてはさしあたり手元にマルクスのものしかないことに若者たちが気づき始めたのです。

以上、日本におけるマルクス受容の歴史的条件について、速足で私見を述べてみました。ややこしい話でしたので、だいぶ予定の紙数を超えてしまいました。どうぞご容赦ください。

日本には100年にわたる豊かで、厚みのあるマルクス研究の学的蓄積があります。にもかかわらず、日本におけるマルクス主義運動はついにある程度以上の社会的影響力を持ち得ませんでした。この二つの事実の間にはあきらかに齟齬があると僕は思います。それは中国においてマルクス主義がたどった軌跡とまったく違うものです。ですから、この齟齬こそが日本におけるマルクス受容の固有の歴史的条件をかたちづくっているというのが僕の仮説です。

日本の読者は他のどの国の読者とも違う立場からマルクスを読むことができます。それは一つの利点です。同時に、日本人の読み方でしかマルクスを読むことができません。それは一つの制約です。でも、そういうものだと思います。あらゆる国の人々はそういうふうにして、ひとりひとりの持ち分を手にして、他の国の人々とともに、世界史的な事業に参加する。そういうものだと思います。

僕たちのマルクス読解が中国の読者のマルクス理解に少しでも資することがあれば、幸いです。

あとがき――それで、マルスク主義者って？

石川康宏

いかがでした。楽しく読んでいただけましたか。これをきっかけに、みなさんには、マルクスその人の文章にすすんでいただけると嬉しいです。シリーズ全4冊、それからきっと番外編でもずっと繰り返していると思いますけど、マルクスは深くておもしろいです。ここまであれこれ書いてきましたが、ぼくなんかの言葉ではとうてい書きつくすことができません。そもそも理解が追いついていませんから。とはいえ、そうだからこそ読むたびに新しく教えられることがあるわけで、それを考えると理解が追いつかないことの「悲しさ」も半分くらいといったところでしょうか。ぜひマルクスの思考に直接ふれてみてください。本当におもしろいですよ。

内田先生との往復書簡というこの本のつくりを利用して、『若マル』にはマルクス話だけでなく、身のまわりの出来事も、その時々に思いつくままに書きつらねてきました。神戸女学院大学の教職員を中心メンバーに、年に1度、長野県の野沢温泉で行なってきたゴクラク・スキーも、何度も話題にしてきました。25年以上も前に幹事を内田先生から引き継いで、その後は「雪がよぶ、山がよぶ、酒がよぶ、お湯がよぶ」と書き出すゴクラク・メールを、毎年秋口に学内外のゴクラキストたちに送信し続けてきたのでした。

ぼくの退職にともなって、幹事は現職の三杉先生に引き継がれましたが、今年は、このゴクラク・スキーに4年ぶりに参加してきました（この3年間はコロナで中止）。「スキーはもういい」「酒とお湯があればそれだけで」という例年以上にだらけた、ゆるゆる気分での参加でしたが、今回参加を決めた中心の理由は、ずいぶん久しぶりに上野先生が来られるとうかがったことでした。

『若マル』の最初の方に書いたことですが、内田先生とぼくがやや厳しい気分と表情で政治についてお互いの意見をぶつけあったあの夜に、「明日からゴクラクでは政治の話は禁止」とあいだをとりもってくれたあの長老先生です。

すでに79歳になられた上野先生は、体力的には本当の長老先生になっていましたが、それでも今年も熱く北条政子とジェンダーを語り、メジャー・リーグとWBCを解説し、さらに野沢温泉と関西を往復する電車の中では、覚悟してとなりの座席を引き受けたぼくに、予想どおり9時間ずっと政治の話をしていました。わがゴクラキストの中で、一番の政治好きは間違いなくこの人です。さすがに9時間となると、時にイラッとすることもないではありませんでしたが（上野先生、すみません）、でも内田先生にここに加わってもらい、いつかまた3人でなつかし話ができるといいなあ、なんて思ってもいたのでした。

「政治話禁止」の御触れが出されたあの時、ぼくは30代の終りで、内田先生が40代なかば、上野先生は50代前半でした。時は流れるものですね。

この「あとがき」を書くために、これまでの各『若マル』の「あとがき」を読み返してみました（すべて「はじめに」が内田先生、「あとがき」が石川の担当です）。そこで気がついたのが「マルクス主義者ってどういう人」という第1巻での話のフリに、結局答えらしきものをどこにも書いていないということでした。その時、書いていたのは、マルクス主義者っていうと、マルクスはすべて正しいとするマルクス原理主義者のように思っている人もいるようですが、若いマルクスと晩年のマルクスでいってることが全然違うのはよくある話で、マルクスの「すべてが正しい」なんていえば、いった本人がすぐに股裂き状態になってしまうから、それはありえないよということでした（実際には股裂きに気づかない人や、自分に都合よく股裂きのどちらかだけをマルクスの見解と主張する人はいるんでしょうけど）。そして「じゃあ、マルクス主義者ってどういう人のことなの？」と問いかけて、文章を「ふっふっふ」という思わせぶりで終わらせているのです。

それはたぶん――なにせ10数年も前のことなので記憶違いがあるかも知れませんが――同じ大学の教員から「マルクス主義者って、マルクスは正しい、だからそれを基準にものを考えようとする人のことでしょ」と、短くいえばそんな言葉を投げかけられたのがきっかけでした。長いつきあいの人だったので、え、いままでぼくのことをそんなふうに思ってたの？　と驚かされもしたのですが、しかし、世間にはそのように考えている人が案外多いのかも知れないと思い、右のような話を書いたのです（たぶん）。ところが、それを書きながらあらためて自分の中を探ってみると、こまったことに「マルクス主義者とは」という問いに対する明快な答えが見つかりません。そこでマルクス主義者石川は激しく狼狽して、なんてことは別になかったのですが、ああじゃあ、この話は先延ばしにしてそのうちちょっと考えてみようと、そんなお気楽な気持ちで「ふっふっふ」とごまかしたのです（きっと）。

しかし、実際には、第1巻の出版からの13年間に、生来の無計画的な人生運行の日々のため、ぼくはこれを集中的に考える機会をもたずにきました。

ですが「ふっふっふ」のままおしまいでは、やはりこちらも気持ちが悪いです。そこでこの「おわりに」の残りの字数は、この問いへの答えを探ることに費やしてみます。手がかりは、これまで『若マル』に書いてきたことの範囲として。

関係の文章を探してみて、まず目についたのは『若マル』第1巻の冒頭『共産党宣言』をとりあげた手紙の中でした。そこでぼくは「マルクスの読者」「マルクス等についての専門研究書の読者」ではあるけれど「私自身が専門的なマルクス学者」ではないと述べ、マルクスとのつきあいを、現代的な問題を考えるときに「研究のヒントを探しにいく」関係、結局、現代の問題の究明は「現代的な事実に分け入る以外に道はありませんから」としていました。

「マルクスの読者」「ヒントを探しに」というのが、いまでもぼくにはしっくりきます。ぼくは大学院では鉄鋼産業の日米関係を、大学教員になってからは小泉・竹中氏らの「構造改革」政策を検討し、そしてジェンダー論を学びはじめ、学生と毎年「慰安婦」被害者の話を聞くべく韓国に出かけるといったことを、『若マル』を書き始める頃までに行なっていたのでした。

どれもマルクスに直接の「回答」があるようなテーマではありません。でもたとえば「慰安婦」問題をめぐる日本社会の動きを見た時に、「資本の論理」と「歴史認識」をめぐる特に政治権力者たちの思想とのからみあいの検討には、経済と政治あるいは思想の相互関係についてのマルクスの研究が「ヒント」になりました。いわゆる土台・上部構造論というやつですね。日中経済交流を深めたいとする財界の声に、「日本の伝統をカネで売るのか」と安倍晋三氏が気色ばんでみせたあの時期は、政治献金をつうじた財界による政治の支配、政治権力者自身の靖国史観、アメリカからの対中政策の強制などのからみあいのバランスが、複雑に変化した瞬間でした。

次に目についたのは『若マル』第2巻の第4部「『若者よ、マルクスを読もう』第I巻をめぐって」でのやりとりです。内田先生が恩師レヴィナスの言葉を引きながら、マルクス主義の用語を使わずにマルクスの思想を語るのがマルクシアンで、マルクス主義の用語を使って語るのがマルクシスト（マルキスト）、そして21世紀の日本にマルクスがいたら、どんな社会理論を立て、どんな社会改革を提言するか、そんなことを考えるのはたぶんマルクシアン的な想像力の使い方だろうとされたところです。

これを受けてぼくは、マルクスの理論的に正確な読み方を厳格に論ずる空間とともに、マルクスを教養として読み、自由に論ずる空間が必要だと書き――これをあえて書いたのは、「正しさ」のみに敏感で後者に不寛容な傾向が、結果として「マルクス読み」のすそ野を狭めてしまう、そんなオウンゴールが「マルクス主義者」の一部にあると思っていたからです――、他方で、もしマルクスが21世紀に生きていたらという問題については「マルクス主義の発展」と考えたいと書いていました。そこに「発展」を見るということは、「マルクス主義者＝マルキスト」が直接にマルクスの残した理論にとどまる「原理主義者」ではありえないこと、むしろその枠を超える苦労をするのがマルキストだろうと思っていたからです。マルクスがあの時代に立ち向かったのと同じように、ぼくたちはぼくたちが生きる現代にこそ立ち向かわなければならないというスタンスですね。

ちょっともどるのですが、いま本をめくってみると第1巻の『ユダヤ人問題によせて』『ヘーゲル法哲学批判序説』についての書簡では、マルクスを面白いという時、内田先生と石川のマルクス読みの内容には少なからず違いがあるけれど、その理解を互いに排除することなく、自分をより豊かにする新しい材料と受け止める「知的なおおらかさ」が必要だ、なんてことも書いています。この本はそんなふうにつくられたので、二人それぞれの理解でマルクスを面白がりながら、また互いを、ほう、内田先生は／石川はそこを面白がりますかと互いを面白がり、さらにこれを読む読者には、マルクスの面白さに多面的にふれてもらいながら、くわえて内田先生と石川との面白がりあいを面白がることができるという、なんだか珍しい形の本になったのでした。最初の頃は「どうして論争しないんだ」という声も聞こえてきましたが、それではこの2人でマルクスを論ずるという組み合わせの妙が出ないでしょう。

次は、番外編『マルクスの心を聴く旅』ですが、ここにはちょっと違った角度からの「原理主義」批判がありました。ドイツでうかがったユルゲン・ヘレスさんの話には19世紀のマルクスの実像に比べると、20世紀につくられたマルクス像はかなり眉唾ものだという指摘がありました。ぼくはその理論面での話につなげて、妻が不在の時期に家政婦とのあいだに子どもをつくったマルクスの行動をとりあげ、そんな事実を直視しまいとする少なくないマルクス主義者の心性は、スターリン等によって神格化された20世紀の人間マルクス像にとらわれてしまっているのではないかといったことを書いていきます。また貧しさのため子どもが次々亡くなる時に、金を稼ぐ努力をほとんどしなかったマルクスを「悲しみに耐えて革命に身を捧げた」などと美化することも現代にまで悪影響を及ぼしている——家庭を省みない特に男性活動家の存在など——として、マルクス原理主義への批判を人間マルクスの評価にまで押し広げたのでした。マルクス主義は科学だと主張する当人たちが、こんなところで事実に目を曇らせていていいわけがありません。このあたりは若い時代にその影響を受けた——ソ連や東ドイツで出版されたマルクス、娘たち、妻等の伝記の翻訳書などが主だったと思いますが――ぼく自身の人生への反省もこめて書いたところです。

第3巻には、スターリン批判とのかかわりで、関連する話が出てきています。マルクスには「これがマルクス主義だというのなら、私はマルクス主義者ではない」という有名な言葉があります。つまり眉唾のマルクス主義はマルクス存命中にもすでにいろいろとあったということです。後に、20世紀初頭のロシアで活躍したレーニンは「マルクス主義」を「マルクスの諸見解と諸学説の体系」と定義して――論文「カール・マルクス」（1914年執筆）――、手に入る限りの文献を通してマルクスを真摯に研究しましたが、つづくスターリンは「レーニン主義」「マルクス・レーニン主義」というそれらしい言葉を編み出しながら、そこから「マルクスの理論と見解」を捨て去る仕事をしていきました。

マルクス・エンゲルスは19世紀の過去の人、レーニンはスターリンと肩を並べた大人物だったが亡くなった、残る偉大な革命家はスターリンのみである。そういうフェイクの積み重ねの上に、スターリンの神格化＝スターリン支配の絶対化の目的にそって形成されたのがスターリン流の「マルクス・レーニン主義」で――その大きな特徴はソ連共産党やソ連政府への追随と支援を最優先するということでした――、スターリンはこれをコミンテルンという国際組織を使って世界に普及させました。そんなことがありましたから、ぼくの学生時代にも、大きな本屋さんにはマルクス・レーニン主義の文字がタイトルに入った本がたくさんあったものです。そのためスターリンの行動や理論の批判的検討は、後のマルクス主義者の大きな課題となりました。またこれをすすめた日本の共産党が、綱領や規約で「マルクス・レーニン主義」という言葉を使うことをやめ、かわりに「科学的社会主義」という言葉を使うことを決める、ということも起こりました。これまたぼくの学生時代のことでした。かつてのスターリンの「布教」は、直接には歪んだ「マルクス・レーニン主義」を広めるものでしたが、それは多くの場合に「マルクス主義」の名で語られるものをも、同時に、同じ内容で塗りつぶしていく役割を果たしました。

「科学的社会主義」というのは、人はその意思さえあれば労働者が救われる善意の社会を自由につくることができるとする社会主義思想を「空想的」と批判して、社会の発展には法則性があり、個々の社会が内包するその法則の具体的な探求なしに未来を導くことはできないという立場から対置された言葉です。よく知られたエンゲルスの『空想から科学への社会主義の発展』という本が広めた言葉で、これに「まえがき」を書いたマルクスもこの本を「科学的社会主義の入門書」として推奨しました。

こういった経過をあれこれ紹介した上で、しかし、ぼくはそれでも、目の前の政治のあり方をめぐる運動の方針や諸政策と、その背後にある社会科学の到達の両方を「主義」の言葉でひとまとめにすることは適当だろうかと問うています。そこは「科学的社会主義」の用語についても同じです。現代の社会で「科学」と「主義」はどこまで親和的と理解されるものでしょう。実際、この石川の提起を受ける形で内田先生は、「ナントカ主義」という科学はありえない、科学性の定義は「反証可能性」だからとカール・ポパーを引き、でも石川のような人間が「『主義』がよくないんだよね」というのをみると「マルクス主義」には「『科学性、あるな』と思います」と返してくれました。やはり「主義」は大きなネックのひとつになっていると思います。

番外編もふくめた『若マル』全4巻をふりかえっての「マルクス主義者」話はここまでです。いかがでしょう。あいかわらず「マルクス主義者とは」の問いに対する明快な答えはないままですが、それでもマルクス主義者が、自分たちの学問的・実践的なスタンスについて、思いの外いろいろと考えているものだ、ということは感じていただけたのではないでしょうか。少なくとも「マルクス主義者＝マルクス原理主義者」という初歩的な誤解を解くのに十分な内容にはなっているかと思います。

先に日本の共産党は綱領や規約で「科学的社会主義」という言葉をつかうようになったと書きましたが、もちろんそれは政党自身がそうするということであって、学問の世界や学者たちに――党員学者もふくめて――、それを強制するということではありません。ですから、ぼくも「マルクス・レーニン主義」はさすがに使いませんけれど、「マルクス主義」という言葉は多用しています。「科学的社会主義」よりずっと世間への通りがいいということもありますから。

なおマルクスは、バクーニンの『国家と無政府性』という本についてのノート（1874〜5年）

で、「科学的社会主義」は「もっぱらユートピア［空想的――石川］社会主義に対立するものとして用いられてきた」と書いています（『マルクス＝エンゲルス全集』第１８巻、６４５ページ）。マルクスがエンゲルスの『空想から科学への社会主義の発展』を「科学的社会主義の入門書となるであろう」と評したのは１８８０年のことでしたが、右の文章とあわせて読めばここでの「科学的社会主義」も、必ずしも彼らの学説の全体をバランスよく表現したものではなく、あくまでも空想的社会主義との対比の中で、それとの対立面を浮き立たせるために用いられた言葉と考えるべきではないでしょうか。深められるべき論点だと思います。

この巻には『資本論』についての書簡の他に、ぼくが書いた『イギリスにおける労働者階級』についての書簡が１つ収められています。これは『若者よ、マルクスを読もう』のこれまた番外編として、『若者よ、エンゲルスを読もう』という幻の企画があった歴史の遺産です。マルクスと共同し、マルクスを補足した者などとマルクスを軸にしてとらえたエンゲルスではなく、エンゲルスの理論的な成長を自立したエンゲルス自身の視線に立って追う作業は、それほど多くはないようです。機会があれば、どこかでやってみたいものです。

かもがわ出版の松竹伸幸さんには、本当に感謝の言葉しかありません。13年前に、松竹さんからこの企画のお誘いがあったからこそ、時々の社会の動きにふりまわされながらも、それでも事柄をより根本からとらえる土台の力を養い続けることができたと思っています。ありがとうございました。

いまは年に一度、天ぷら屋さんでしかお会いすることのなくなった内田先生にも、本当に感謝、感謝です。最初はマルクス理解をめぐる「他流試合」との思いが残り、力の入るところもありました。しかし、いやこれは勝敗を競う「試合」ではなく、互いが前向きに学びあう「他流派交流会」なのだと思うようになって、余計な力はどこかへ抜けていきました。こうしたつくりの本がゆるされたのは内田先生の懐の深さゆえのことだと思っています。ありがとうございました。

読者のみなさんには、長いあいだのおつきあいを、本当にありがとうございました。1巻ずつを出すたびに、どこかから聞こえてくるみなさんの声に励まされて、ここまで書きつづけることができました。みなさんには、ぜひマルクスそのものに進んでいただきたいと思います。またどこかでお会いしましょう。

2023年5月18日

内田　樹（うちだ・たつる）

思想家。1950年生まれ。神戸女学院大学名誉教授、凱風館館長。専門はフランス哲学・文学、武道論。主著に『ためらいの倫理学』『レヴィナスと愛の現象学』『私家版・ユダヤ文化論』『日本辺境論』など。第六回小林秀雄賞、201年度新書大賞、第三回伊丹十三賞を受賞。近著に『レヴィナスの時間論』。

石川康宏（いしかわ・やすひろ）

神戸女学院大学名誉教授、全国革新懇代表世話人。1957年生まれ。専門は経済学。主著に『現代を探究する経済学』『覇権なき世界を求めて』『マルクスのかじり方』『人間の復興か、資本の論理か　3.11後の日本』『「おこぼれ経済」という神話』『社会のしくみのかじり方』など。近著に『今、「資本論」をともに読む』（共著）

甦る『資本論』　若者よ、マルクスを読もう　最終巻

2023年7月31日　第1刷発行

発行者　竹村正治
発行所　株式会社　かもがわ出版
〒602-8119　京都市上京区堀川通出水西入
TEL 075-432-2868 FAX 075-432-2869
振替　01010-5-12436
ホームページ　http://www.kamogawa.co.jp
印刷所　シナノ書籍印刷株式会社

ISBN978-4-7803-1286-7　C0030